看得懂 用得上 记得住 的

满分作文秘笈

龚晓庆 / 著

·广州·

版权所有　翻印必究

图书在版编目（CIP）数据

看得懂、用得上、记得住的满分作文秘笈/龚晓庆著. ——广州：中山大学出版社，2020.6
ISBN 978-7-306-06791-3

Ⅰ.①看… Ⅱ.①龚… Ⅲ.①作文课—中小学—教学参考资料　Ⅳ.①G634.343

中国版本图书馆 CIP 数据核字（2019）第 279407 号

KANDEDONG YONGDESHANG JIDEZHU DE MANFEN ZUOWEN MIJI

出版人：	王天琪
策划编辑：	王延红
责任编辑：	陈　芳
封面设计：	杨　静　刘　犇
责任校对：	袁双艳
责任技编：	何雅涛
出版发行：	中山大学出版社
电　　话：	编辑部 020 - 84110771，84110283，84111997，84110779
	发行部 020 - 84111998，84111981，84111160
地　　址：	广州市新港西路 135 号
邮　　编：	510275　　传　　真：020 - 84036565
网　　址：	http://www.zsup.com.cn　E-mail：zdcbs@mail.sysu.edu.cn
印 刷 者：	广州市友盛彩印有限公司
规　　格：	850mm×1168mm　1/32　10.75 印张　240 千字
版次印次：	2020 年 6 月第 1 版　2025 年 7 月第 6 次印刷
定　　价：	45.00 元

如发现本书因印装质量影响阅读，请与出版社发行部联系调换

自　序
别妥协，让"写作不累"

对于我来说，文字的开始是美梦一场。

初中，一个下雪天，我站在学校的一片空地上，遥望天空，雪花落到我脸上。望着望着，望得久了，雪花好似都朝我飞奔而来，当时内心的震动与疯狂无法形容，只是一直仰头呆呆地望着，对自己强调：要记住这一刻啊！蓝紫的天空，飞奔向我的雪花，那一刻，我仿佛看到了浩瀚的宇宙，抑制不住内心的激动，那个雪夜变成了我笔下稚嫩的文字，那是我第一次用文字表达自己。当时并未给老师批阅，但那是我发现文字可爱的开始。

后来，写作文却成了我的噩梦。高中时期，每每看到作文题，眼前便灰蒙蒙一片，想不出好的素材，陷在自己拙劣的套路里出不来，硬写出来的"作"文连自己都不想再看第二遍。最坏的还不只如此，我发现了一个最恐怖的问题——我压根儿不会思考。脑袋如秋天的枯草，挤不出任何鲜绿的汁水。总是惊叹，怎么别人都有自己的想法？那些想法、那些好句子是从哪里蹦出来的？没有人回答我。直到后来，按照自己的心意琢磨散文，高考作文意外获得满分，我才相信自己或许还是有点灵气的。但是，高中三年作文魔咒带来的恐惧感从未消失过。

后来我成为语文老师,发现我的学生和当年的我一样为作文困惑、苦恼:

看到作文题,不知道有什么可写的。

硬憋出来的文章,前言不搭后语,乱七八糟。

语言贫乏到可怕,每一篇文章的词汇、句式都差不多。

不会思考,没有意见和想法。

我尝试着去帮助他们突破,于是开通了微信公众号,名字叫"晓语文"。开通公众号的愿望有点儿奢侈——当孩子们遇到写作上的难题时,我能够帮助他们,这和我写这本书的初衷一样。

在这本书里,我引用了很多名家作品的示例,细细剖析,归纳出让孩子们看得懂、用得上的写作技巧。这些作家包括鲁迅、张爱玲、朱自清、汪曾祺、老舍、余光中、阿城、蒋勋等。

我相信细读比多写更重要。好的文字,读细了,你才能明白其中的妙处,从而内化成自己的文学养分。以朱自清《春》的句子为例:

小草偷偷地从土里钻出来,嫩嫩的,绿绿的。

粗读,我们会得到教科书般的回答:"偷偷地"和"钻"写出了春草破土而出的挤劲,写出了不经意间春草已悄然而出的情景,表现了春草的活力,表达了作者惊喜的感觉。

很对,很规范,但隔靴搔痒,过目就忘。

细读,你会发现:"小草偷偷地从土里钻出来"这个过程并不是作者看到的实景,而是作者的想象。"偷偷地",一不留神,小草就全长出来了。"钻",突破重重阻碍,好不容易!"钻"字,不是从人的视角在看小草,如果从人的视角,那便是"小草一不留神都长出来了"。这句话是通过小草的视角去想象，设身处地地想象。设身处地的想象和描写，打破了景物与人之间的隔膜感，让景物一下子活泼起来。

这样的细读是站在作家的角度在思考，不仅了解他写了什么，更了解他是怎样写的，以及他为什么这样写。这样的发现对写作一定大有助益。将一招一式拆解得清清楚楚，再进行模仿练习，虽然这样的写作教学不免被认为是"技术主义至上"，但写作本身就是一门技艺。这和学习剑法一样，先根据口诀演示，熟练之后才能融会贯通，创造出千变万化的招式来。

我希望你能静下心来读这本书，你会发现写作技巧和文学创作并不相悖，技巧并不是生硬地模仿，而是需要十足的创造力。

当然，写作不仅是技巧的习得，更是生活的唤醒。拿起笔，别想太多，观察这个世界，观察你身边的一切，像是平生第一次看到它一样，写下你被唤醒的一切想法。写出来的文章不一定要多好，关键是你要去写，尝试用文字把自己的内心表达出来。写着写着，有一天你就会被自己的文字惊艳到。

不要沮丧，不要妥协，和庆儿老师一起打破作文的魔咒，让"写作不累"！

目　　录

高分作文的样子 / 001
教写作技巧，请"说人话" / 011

第一章　素材篇 / 015
第一讲　心灵拍照法，建立第一素材库 / 016
第二讲　阅读是输入，写作是输出 / 022

第二章　技能篇——景物描写 / 027
第一讲　描写，让你被"看见" / 028
第二讲　景物描写的妙用 / 032
第三讲　Look/Watch/See / 035
第四讲　选好观察点 / 042
第五讲　描写三部曲 / 045
第六讲　不知名的野花很伤心 / 053
第七讲　你懂得一粒米的甜味吗 / 058
第八讲　五感写作法 / 062

第九讲　视觉篇：文字的颜色 / 067

第十讲　视觉篇：让景物动起来 / 076

第十一讲　听觉篇：听见绿色的风 / 082

第十二讲　嗅觉篇：让鼻子在空气中多停留一会儿 / 088

第十三讲　触觉篇：触摸春天 / 092

第十四讲　她的脸红得像苹果，好吗 / 095

第十五讲　融情于景——与栀子花置换内心 / 103

第十六讲　借景抒情——让景物说话 / 107

景物综合写作课 / 110

　　专题1　写景抒情：熟悉的地方也有风景 / 110

　　专题2　托物言志：大自然，小哲思 / 125

　　专题3　游记：心和身体都在路上 / 133

　　专题4　创意游记：变换视角看世界 / 156

第三章　技能篇——人物描写 / 165

第一讲　外貌描写：不是所有的嘴巴都是"樱桃小嘴" / 168

第二讲　语言描写：对话，不是两个聪明脑壳打架 / 178

第三讲　神态描写：画家绘不出的脸部动态风景图 / 187

第四讲　动作描写：连续动作，让画面不再模糊 / 190

第五讲　心理描写：那一刻，我在想什么，他在想什么 / 195

人物综合写作课 / 201

　　专题1　多事一人：写出人物不同面 / 201

　　专题2　事物线索：情感的钥匙扣 / 210

专题3　先抑后扬：绕过几座山来拥抱你 / 220

第四章　技能篇——叙事 / 235
　　第一讲　选材力：记录独特的生命经验 / 236
　　第二讲　信息力：设置具有独特气质的场景 / 241
　　第三讲　逻辑力：顺叙乖巧，倒叙勾人 / 248
　　第四讲　逻辑力：详略得当，告别流水账 / 252
　　第五讲　现场力：聚焦画面，让子弹飞一会儿 / 255
　　第六讲　现场力：ing形式，让读者自动入戏 / 259
　　第七讲　曲折力：召唤读者的密码 / 261
　　叙事综合写作课 / 264
　　　　专题　以小见大：小细节，大思考 / 264

第五章　应试篇 / 275
　　第一讲　美食文化 / 277
　　第二讲　语言文化 / 290
　　第三讲　地方传统特色文化 / 299
　　第四讲　传统节日文化 / 309
　　第五讲　建筑文化 / 318

后记　从写一个让自己开心的句子开始
　　　　——给正为写作文而抓狂的你 / 328

高分作文的样子

通常写完作文后，我们得到的是一个分数，或是一两句简明扼要的评语。久之，作文写得好的孩子会更好，不会写作文的孩子只会有一个笼统的印象：我不擅长写作文。具体不足在哪里、如何补齐是他们不会深究的问题。可是，面对50分的作文大碉堡，我们一定要主动出击。最有效的办法是我们自己了解好作文的标准。因此，我们需要明确知道高分作文的标准，了解什么样的作文最受阅卷老师青睐。参见如下附表。

附：广东省中考语文作文评分标准

作文等级	评分标准
一类卷 （50～45分）	1. 立意明确，中心突出，材料具体生动，有真情实感 2. 结构严谨，注意照应，详略得当 3. 语言得体、流畅
二类卷 （44～40分）	1. 立意明确，中心突出，材料具体 2. 结构完整，条理清楚 3. 语言规范、通顺

续上表

作文等级	评分标准
三类卷 （39~30分）	1. 立意明确，材料能表现中心 2. 结构基本完整，有条理 3. 语言基本通顺，有少数错别字
四类卷 （29~15分）	1. 立意不明确，材料难以表现中心 2. 结构不完整，条理不清楚 3. 语言不通顺，错别字较多
五类卷 （14~0分）	1. 没有中心，空洞无物，严重离题 2. 结构残缺，不成篇章 3. 文理不通，错别字较多
加分	符合如下条件之一，可酌情加1~3分（加至本题满分为止）： 1. 立意深刻 2. 构思独特 3. 语言优美 4. 富有个性 5. 文面整洁，书写优美
扣分	1. 没有标题扣2分 2. 不足500字者，每少50字扣1分 3. 错别字每3个扣1分（重复的错别字不计），最多扣3分 4. 不能正确使用标点扣1~3分 5. 文面脏乱，字迹潦草，难以辨认者扣1~3分 6. 出现暴露身份的真实校名、地名、人名的扣1~3分

附表要求很细,看起来很复杂。我们先定一个小目标:作文目标分数45分!这样我们只需要关注一类卷及加分的要求。

如前面附表所示,高分作文有四个维度的要求:

(1) 主题明确、深刻。

(2) 结构清晰、独特。

(3) 语言流畅、优美,有个性。

(4) 书写整洁、优美。

1. 主题——思考力

评论一篇作文首先要看主题。什么是主题?即作文中所表现的中心思想。通俗来说,就是你对一人一事一物的意见。叶圣陶、夏丏尊所著的《七十二堂写作课》举了非常通俗易懂的例子来说明何为主题。下面两个句子中,哪一句表达了自己的意见?

A. 我家有一幅新罗山人的画,画着几株垂柳,柳岸近处泊着一只渔船,一个老渔夫曲着身子睡在船梢,神情安闲得很。

B. 我家有一幅新罗山人的画,画着几株垂柳,柳岸近处泊着一只渔船,一个老渔夫曲着身子睡在船梢,神情安闲得很。近来许多人都赞美西洋画,我却喜欢这样的中国画,中国画的价值全在诗趣,西洋画在诗趣上和中国画差得很远很远。

这是对一幅画的介绍,第一个文段中作者并不曾说出自己的看法。第二个文段中"我却喜欢这样的中国画,中国画的价值全在诗趣,西洋画在诗趣上和中国画差得很远很远",这最后一点不同的意见就是主题,主题是作者的选择和态度。

应试作文对主题有什么要求呢?我们分为高分要求和加分要求两项来分析。

(1) 高分要求。

①主题必须鲜明。应试作文需要表现明确的态度。如同女子体操里的跳马运动一样,无论你在空中如何转体,最后都要有一个落脚点。落脚稳,就成功了一半。

有的学生作文仅有详尽的叙事和描写,结尾却无法收拢,草草结束,看完之后不清楚作者想要表达什么。这种情况往往是作者自己没想明白要表达什么。因此,写作时需要自己归纳段意和主题,写完作文要问一下自己:我写了什么?我想借这个内容表达什么情感或思想?我达到自己的目的了吗?

②主题必须集中。"集中"是指作文的素材都指向主题。

某学生作文标题为《木棉花的守望》,文中他既写了木棉树在暴风雨中屹立不倒的场景,赞美了木棉树坚强不屈的品质;同时,他还联想到小时候奶奶为他煲木棉花汤的场景,一番抒情表达了他对奶奶的感激及怀念之情。600字的文章,两个不同的主题交杂在一起,导致每一个素材都没有展开描写,以失败告终。因此,在写作文前,先确定一个明确的主题,再根据主题筛选素材,确保素材指向主题。

(2) 加分要求:主题最好新颖、深刻。"新颖""深刻"是指与众不同的见解和发现。在进行游记专题训练时,某学生写的是《菜市场游记》。他详细描写了菜市场的蔬菜水果摊、家禽海鲜摊,以及买菜人和卖菜人的对话,等等。最后感悟:菜市场是一个城市最有生活味儿的地方。这样的表达和发现非常独到，让人过目难忘。

"保护环境"的主题并不少见，小作者邹颖霖在《一号公路游记》里的表达却深刻而有力。文章记叙了她在加拿大偶遇的两个场景：大学生野外露营不忘垃圾分类；政府在公路中央修建动物桥以保证动物安全，方便它们到彼岸觅食及获取水源。结尾最为铿锵有力："对大自然的'敬'，不是把一块湿地圈起来'保护'，卖票赚钱，也不是把濒危动物关在笼子里'保护'，供人欣赏，而是在开发经济时，不破坏自然的秩序，把人的存在感在这浩瀚宇宙中降至最低，在便利人的同时，留给自然一份本真。人也是这万千物种中的渺小一员，有何权力去破坏天地之美？"

这样新颖、深刻的主题表达来源于丰富的生活经历和深厚的阅读积淀。

2. 结构——逻辑力

或许你认为只有做数学题时才需要严密的逻辑，其实写作文更需要严谨科学的逻辑思维！

夏丏尊先生曾说："表达之道即为思想之道。"逻辑思维与写作有着密切的关系，诸多作文技巧其实都是思维的外化。在思维过程中，每一环节告一段落，就为一个层次，层次与层次之间，一前一后就显出层次关系来。混乱的段落分层让人抓狂，清晰的层次关系则让阅卷老师一目了然，心生好感。

在我看来，考场作文的层次关系只有一类：主仆关系。主仆关系是指整篇文章里，一定有负责点明主题的段落，也一定有负责分述的段落。分述的所有段落与主题段仿佛仆人和主人一样，分述段为主题段服务。《走一步，再走一步》中，事件是"仆"，感悟是"主"。《背影》中，事件是"仆"，情感是"主"。不论是哲思感悟，还是情感，都是文章的"主"，是灵魂所在。

细致来看，分述段落也有很多不同的层次关系：并列式、递进式、自然叙事式等。不论采用哪种结构形式，主题段清晰存在，分述段详略得当、逻辑清晰。能够显示你清晰的逻辑能力，就是成功的表达。

3. 语言——创造力

语言很复杂，原因在于它没有定式。每个作家都有自己的语言风格，哪种语言风格更厉害，没有人敢下定论。但是，对于考场作文来说，不好的语言千万种，好的语言总有相似的一面。

（1）描写细致的语言让人感同身受。细致生动的描写是使文章文采飞扬的主要手段。描写能够把人物、景物的细节特征有声有色地再现出来，使读者有身临其境之感。

这时已近傍晚，太阳垂在两山之间，江面便金子一般滚动，岸边石头也如热铁般红起来。有鸟儿在水面上掠来掠去，叫声传得很远。对岸有人在拖长声音吼山歌，却不见影子，只觉声音慢慢小了。（阿城《棋王》）

作者几句话就抓住了太阳落山时的小细节：江面变成金色，

岸边石头颜色发红。一个"掠"字，写出鸟儿行动敏捷欢快；吼山歌的人声音慢慢小了，既有余韵不绝的意味，又有"空山不见人，但闻人语响"的古诗意境。有动有静，有视觉，有触觉，有听觉，画面感极强，文字的张力就此体现。

她转过身站起来，拿着高香的手在微微颤抖，似是一个做错了事等挨骂的孩子。她抬起头，不好意思地给了我一个微笑，嘴角有些抽动，一笑起来嘴边的法令纹显出来，眼角的鱼尾纹竟也刻了出来。或许是早起的缘故，她脸色疲惫，与多年前照片上净白水嫩的姑娘截然不同。母亲老了，信佛了，而身为儿子的我却这么迟才发现这个原本显而易见的秘密。（学生作品《原来迷信也是爱》）

作者描绘了一个为了儿子中考烧香拜佛，被发现后手足无措的妈妈。没有夸张的、华丽的语言，简简单单几笔神态描写，已足够打动读者的心。

不论写景，还是写人，生动具体的描写都会让阅卷老师感同身受，心生好感。

（2）修辞精妙的语言让人暗自叹服。我们常用的修辞手法有比喻、拟人、排比，其作用在于修饰和调整语言。好的修辞好比仙女手中的魔法棒，点到哪里，哪里的语言就亮起来了。

①比喻：

踩着半湿的青草前行，在这绿的海洋里游弋。一团团的绿，毛茸茸的，真像雏鸡身上的毛。（学生作品《品味香格里拉之静》）

"一团团的绿"像"雏鸡身上的毛"，看似简单的比喻句把草的柔软、一团团的形态写得明明白白，既有视觉上的感受，又有触觉上的体验，一句话让草原变得亲切起来。

②拟人：

放下饱食过稻香的镰刀，用背篓来装竹篱间肥硕的瓜果。（何其芳《秋天》）

"饱食"一词赋予镰刀人的情态，写出了农家丰收之景，有味有趣！

立春后，要刮四十八天"摆条风"。风摆动树的枝条，树醒了，忙忙地把汁液送到全身。树枝软了。树绿了。（汪曾祺《葡萄月令》）

汪曾祺先生有一颗童心，万物在他眼里都变得有趣起来。风动树醒，忙输送汁液，随后树绿了。原本静态的景在他眼里却拥有了活力与生气，将立春后树的生长写活了。这样的句子新鲜可爱，让人百读不厌。

③比喻+排比：

A. 骤雨一样，是急促的鼓点；旋风一样，是飞扬的流苏；乱蛙一样，是蹦跳的脚步；火花一样，是闪射的瞳仁；斗虎一样，是强健的风姿。黄土高原上，爆出一场多么壮阔、多么豪放、多么火烈的舞蹈哇——安塞腰鼓！（刘成章《安塞腰鼓》）

B. 急促的鼓点像骤雨一样，飞扬的流苏像旋风一样，蹦跳的脚步像乱蛙一样，闪射的瞳仁像火花一样，强健的风姿像斗虎一样。黄土高原上，爆出一场多么壮阔、多么豪放、多么火烈的舞蹈哇——安塞腰鼓！（修改版）

对比两个段落，你会发现：喻体提前，词语本身的冲击力更强了。骤雨、旋风、乱蛙、火花、斗虎，词语一出，脑海中便会立即调出画面，随即便是对应的本体，本体的特点一下子就出来了。这样一组排比句，将安塞腰鼓的场面写得壮阔雄伟，气势恢宏。

在考场作文中，灵活地运用修辞手法，可以使句子变得灵动活泼、个性鲜明，而这是高分作文的撒手锏。

（3）用词新鲜的语言让人拍案叫绝。除生动的描写、精妙的修辞以外，新鲜而贴切的用词也会让你的句子发光发亮，瞬间点亮读者的眼睛。

①动词讲究精准地描摹情态。

一只大鹰旋了半圈，忽然一歪身，扎进山那侧的声音里。（阿城《溜索》）

"旋""歪""扎"字本不奇，但用在这里尤其贴切。一句话，一只迅猛敏捷的大鹰已飞旋在我们脑海中了，画面感极强。

老柴从玻璃上将自己撕下来，钝着眼神，向四周看。（严歌苓《女房东》）

"撕""钝"，用非生物的动态词写人，新鲜！"撕"字写出了人不愿意离开的模样。"钝"本指不锋利，如"剪刀钝了"，这里用来形容人迷茫无聚焦的眼神，又新鲜又贴切！

山上种的都是苹果树，枝叶和累累的"金冠"压得好低好低，我们虾着腰在里头钻来钻去。（朱天文《淡江记·月儿像柠檬》）

一个"虾"字，将人的动作描绘得异常形象。

②形容词讲究表现事物的特征。

一大早,天就阴沉下来。天黑,河水也黑,芦苇荡成了一片黑海。杜小康甚至觉得风也是黑的。(曹文轩《孤独之旅》)

前两句中三个"黑"是眼睛所见之景,后一句的"黑"是杜小康的心理反应,把没有颜色的风说成是黑色的,表现了杜小康内心的紧张与恐惧。一个字,将整个句子点亮了。

综上,生动的描写、精妙的修辞、精准的用词能够充分反映我们在语言上的创造力,是高分作文的三把利刃。在今后的学习中,我们要有意识地让自己的语言变得高级起来。

当然,我们不仅要有有趣的灵魂,也要有高颜值。在中考阅卷中,整洁的卷面、优美的汉字书写,一定能帮助你用你的文采立马抓住阅卷老师的眼睛,为你赢得宝贵的分数!享受每天15分钟静心练字的时光吧,在横竖撇捺里体会优雅的汉字艺术。

教写作技巧，请"说人话"

从小学开始学写作文，初中3年，高中3年，算起来，我们写的作文并不少，但为什么我们花了8年，甚至10年练习的一项技能，最后却让我们感到挫败呢？回想起来，8年的时间，我们是否大多数时间在进行日复一日、年复一年的重复机械劳动呢？语言文字何其精微复杂，仅仅埋头苦写，难以突破。没有方向的练习，只会让人走向虚无，增加挫败感。

我们上了无数次的作文课，学习了很多写作技巧，可一提笔就被打回原形。这是为什么呢？最根本的原因是老师教的写作技巧不够实用。

有语文老师把写作这事说得很玄，说写作是天赋异禀者玩的文字游戏，所有招式靠自己领悟。也有老师讲解写作技巧，讲时听得懂，讲后却用不上。为什么呢？老师注重写作知识的传授，但大多停留在浅层的陈述性知识的传授上，如人物描写的方法有哪些，什么是以小见大、先抑后扬，描写要生动细致才能拿高分，等等。作文课简化为记忆和理解写作知识，却没有可操作性的技巧，但我们最需要的是更深层次的程序性知识，也就是"怎么做"。例如，在叙事中如何进行丰富的感官描写，怎样描写才能生动细致,等等。

所以,要想在写作上有较大的长进,除了积累素材,我们最需要的是看得懂、用得上、记得住的写作技巧训练。因此,我在进行作文教学时会时时提醒自己"说人话"。

在"游记类"专题作文训练中,我发现学生在叙事或是描写之后少了自己的感受。一件事,一个景,就干干地杵在那里,没有感受或心情,读起来索然无味。如何纠正呢?"加入自己的感受",孩子们听得懂,但记不牢,最重要的是不知如何用。我简化为"适时发出自己的声音"。如何发出自己的声音?有什么具体方法呢?

1. 直接说

那声音大概是横笛,宛转,悠扬,使我的心也沉静,然而又自失起来,觉得要和他弥散在含着豆麦蕴藻之香的夜气里。(鲁迅《社戏》)

有月亮的晚上,行船看社戏的路上,船快快地行,慢慢地,"我"的心情由"焦急"变为"沉静""自失",再到"弥散",最后感觉要消失在这美妙的夜里了。层层递进,将月夜行船时孩子的心情说得准确明白。

汪曾祺在小说《黄油烙饼》中也用到此法。

敢情"坝"是一溜大山。山顶齐齐的,倒像个坝。可是真大!汽车一个劲地往上爬。汽车爬得很累,好像气都喘不过来,不停地哼哼。上了大山,嘿,一片大平地!真是平呀!又平又大。像是擀过的一样。怎么可以这样平呢!汽车一上坝,就撒开欢了。它不哼哼了,"刷——"一直往前开。一上了坝,气候忽然变了。坝下是夏天,一上坝就像秋天。忽然,就凉了。坝上坝下,刀切的一样。真平呀!(汪曾祺《黄油烙饼》)

"可是真大!""真是平呀!又平又大。""怎么可以这样平呢!""真平呀!"这些句子都是景物带给萧胜的感受,汪曾祺将萧胜第一次看到"坝"的心理感受明明白白地说了出来。不只如此,语气词"嘿""呀""呢"突出惊奇之感,感叹号也来帮忙,读者仿佛跟着这个好奇宝宝在坝上游览一样,一边游览,一边听他不住地惊叹,顿时我们也被这景色迷住了。

让读者知晓我们的感受,"直接说"是最省事的方法,但我们也可以选择不说,这样可以让读者知道并且感觉到我们的感受。

2. 动作行为体现心情

一出门,便望见月下的平桥内泊着一支白篷的航船,大家跳下船,双喜拔前篙,阿发拔后篙。(鲁迅《社戏》)

哪个字最能让你感受到孩子们的兴奋之情呢?跳。一字即见得孩子们兴奋敏捷的样子。

梁衡在《壶口瀑布》中也以此来表现自己的心情。

我在雾中想寻找想象中的飞瀑,但水浸沟岸,雾罩乱石,除了扑面而来的水汽,震耳欲聋的涛声,什么也看不见,什么也听不见,只有一个可怕的警觉:仿佛突然就要出现一个洪峰将我吞没。于是,只急慌慌地扫了几眼,我便匆匆逃离,到了岸上回望

那团白烟,心还在不住地跳……(梁衡《壶口瀑布》)

壶口瀑布凶险异常,作者"急慌慌地扫了几眼","到了岸上回望那团白烟,心还在不住地跳",人物的行动已准确地表现了人物当时的惶恐不安。

这样简单明确的技巧让学生听得懂、记得住、用得上。从后面的学生习作中可以看出,他们确实能够学以致用。

写作技巧复杂多样,没有方向的学习,依然会让人迷路。我绘制了一幅由浅入深的写作地图。同时,需要提醒你的是,风景虽美,却也是需要用脚一步一步去丈量的。学习并且不断地进行刻意练习,技巧才能真正成为你的武器。

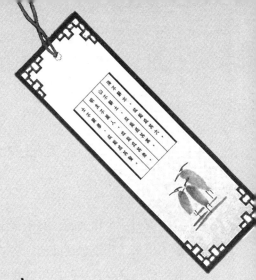

第一章
素 材 篇

　　我们并非没有写作素材,而是对生活的敏感度太低,思考太少。

第一讲　心灵拍照法，建立第一素材库

面对一个作文题，有个孩子抓耳挠腮 40 分钟，却一个字都憋不出来，我很想帮助他。尝试与他闲聊，引导他打开思路，但我的经历终究是我的经历，我的感受终究是我的感受，他没办法复制。最后引得他无奈仰天感叹：白活了这么久！

这个场景反映了很多孩子的写作难题：无米下锅。

《七十二堂写作课》中说："我们记述一件东西或叙述一件事情，所依据的是我们的经验。"我们的素材来源主要有两处，一是自己的亲身经历，二是间接经验，即通过阅读、看电影或纪录片等方式得来的二手经验。

通常我们写作时，会先在哪个素材库里搜寻呢？当然是我们的亲身经历。亲身经历是我们的第一素材库。所以，当学生抓耳挠腮时，我总疑心他们没有真正的生活，只剩下无尽的培训班和兴趣班。

在一次题目为"最记得您的眼神"的写作活动中，一个孩子用深情的笔调记叙了他与培训班国文老师的故事。这时我开始反思，我之前对"生活"的理解是否太片面，生活不一定要惊心动魄，沈从文"逃课看杀牛"的经历不是每个人都有的，鲁迅《社戏》中划船看戏的水乡生活更是很多城里孩子梦想而不得的。不同时代的孩子有不同的生活方式，或许应试的培训班会压缩孩子们玩耍的时间，但培训班的老师不也是各有特色？这并不意味着他们就没有生活。他们不是没有生活，只是感知生活的敏感度太低了。

巧妇难为无米之炊，怎么办呢？

提升生活敏感度，必须学会浸泡到生活中去，全身心地浸泡到生活中去。我们人类有多种感官帮助我们感知这个世界：眼睛帮助我们看世界，耳朵帮助我们听世界，鼻子帮助我们闻世界，嘴巴帮助我们品尝世界，皮肤帮助我们触摸世界，等等。但是，我们对这些感官的利用率太低了，导致对周围发生的一切无感。简单来说，就是：看了，但没看见；听了，但没听见。我们的头脑很忙，没有及时地捉住印象，印象就溜走了。久而久之，我们习惯了茫茫然的生活状态。

此时此刻，你或许正看着我的书，我们可以尝试做个小小的练习，抬头看看自己的生活。

你看到了什么？（不用斟酌语言，将你看到的列出来）

_____

你听到了什么？

_____

你闻到了什么？

_____

你嘴里有什么味道？

_____

你的手触摸到了什么？

_____

你现在心情如何？

当你打开感官，实实在在地感受这一秒钟的生活时，这一秒的生活才真实起来，这就是浸泡到生活中。作家曹文轩说"未经凝视的世界是没有意义的"，也是这个道理。

在心里安一个照相机，拍照，记录，感受，并且有意识地提醒自己记住某一些重要时刻，这就是"心灵拍照法"。

当我有了"拍照"的意识之后，记忆库里便多了许多珍贵的画面，其中有一张"夏夜观蛤蟆"的照片。因我工作在外，平时极少有时间陪伴父母，暑假得空和他们在一起的时光就显得弥足珍贵，因而我总会有意识地运用"心灵拍照法"记录温馨的时光。写作时，把它们变成文字，这段记忆就永远不会消失。

那年夏夜，凉风习习，黑色的山峰与天空融为一体，只有几颗星子咬了几个小洞，闪亮着。

我、爸爸坐在大门口乘凉，倚着椅子靠在墙上，忽见一只小癞蛤蟆寻着灯光而来。它缓慢地攀爬，最后贴在暗红的木门上。我不明白为什么这个家伙会跑到我家来，它有什么企图？老爸笑说："它饿了呗！有灯光就有蚊子，它就有吃的啦。"可无奈灯下蚊子少得可怜，距离又远。我突发奇想，帮它捉小蚂蚱呀！我徒手在土豆堆里捉，等我笨拙地蹦跶过去，蚂蚱早就钻入土豆缝里去了，机灵得很。还是老爸聪明，他拿了塑料杯，一罩一个。我满怀期望地将捉到的蚂蚱扔给癞蛤蟆，可奇怪，一扔出去，一眨眼，蚂蚱就消失了。我疑惑不解，满地找蚂蚱。老爸神气地说："你仔细看癞蛤蟆的舌头，厉害着呢！"我这才发觉，眨眼的时间，小癞蛤蟆的舌头就把褐色的蚂蚱卷进嘴里了。真是造物主的奇迹！

现在想来，那是多么温馨有趣的时刻啊！

所有的心灵照片都成为我写作的素材，而这些素材都有满满的生活感。

如何运用"心灵拍照法"呢？我的经验是，首先记住当时触动自己的人物形象，他的语言、表情、动作。其次是记住当时的场景，什么天气，周围的环境。再次，最重要的是记住当时自己的感受。这样，一幅完整的画面就拍下来了，写作时再现就可以了。

当然，"无米下锅"还有另一种情况。有的孩子追求完美，总想要素材与众不同，一下笔就惊天动地，因此所有的小事他都觉得不值得写。但生活不是每天都有精彩纷呈的大事发生，因此在大脑的自动过滤下，素材都被屏蔽了。

我们首要要明确为什么写作，追求完美的小孩并没有错，素材与众不同是写作者共同的追求。我们写作，也必然是因为那些事物值得写，能使读者感到新奇。然而，能使读者感到新奇的有两类素材：一类是事物、事件本身不平凡，例如异地风景风俗本身就是新奇的内容；另一类是事物、事件本身平凡无奇，但作者却能从平凡中发现新的趣味。

追求完美的小孩通常容易陷入无话可写的处境，这是因为我们的生活大都平淡，一味追求事物、事件的不平凡，绞尽脑汁也难有头绪。因此，我们更应该训练自己于平凡中发现新趣味的能力。

对平常的景、平常的事多思考，也能发现许多新的趣味、新的意义。蝉鸣本是夏日常见之景，我们路过就路过了，听就听了个聒噪，而香港作家小思却听出了生命的意义：

17年埋在泥土中，出来就活一个夏天，为什么呢？朋友说：那本来的生活历程就是这样。它为了生命的延续，必须好好地活着。哪管是90年、90天，都不过要好好地活过。哦！那是蝉的生命意义！

再如，我们广东地区的公园里常见一种树——菩提树，起初我被它心形的叶片吸引，进而了解到它的名字：菩提树。那时我对自己这种求知若渴的精神颇为赞赏，逢人便介绍这就是大名鼎鼎的菩提树。后来读到作家蒋勋的《叶子》一文，才明白止于对植物名称的了解是最肤浅的了解。

家乡的菩提叶的确更像一颗心形，尤其是拖长的叶尖，使人觉得是可以感受细致心事的人类心脏的瓣膜。

关于细长的叶尖，我的学植物的朋友仍有不同的解释。

他说：许多植物的叶尖是用来排水的。他补充说：尤其在热带，突如其来的暴雨，大量积存在叶片上，叶片会受伤腐烂败坏；久而久之，植物的叶子演化出了迅速排除水分的功能，形状其实是功能长期演化的结果。

所以，我珍惜的叶蒂的坚定，我珍惜的叶脉如人体血管一样细密地分布，我珍惜的叶缘像蕾丝编织一样的锯齿细纹，我珍惜如同一颗心一样饱满而又如此优美，可以托在掌中的形状，我所珍惜的细如鸟羽的叶尖……都只是一片叶子在漫长岁月中通过生存的种种艰难的痕迹吗？

要多久才能演化成这样的形状？我好奇地问。他耸耸肩回答说：上亿年吧。

他的回答使我陷入沉默。

美是不是生命艰难生存下来最后的记忆？美是不是一种辛酸的自我完成？所以，美使我狂喜，也使我忧伤。

由叶子的形状，到植物进化的理论，再到作者对美的感悟，于平凡中看出新的趣味，莫过于此。

综上，建立第一素材库，首先需要熟练地运用"心灵拍照法"，时时将有趣的、感动的画面收藏起来，提升自己的生活敏感度。其次需要训练自己于平凡中发现新趣味的能力。面对平凡的景，多追问自己的感受，不懂的地方多问、多思考，这样我们的素材库就会不断地更新。

第二讲　阅读是输入，写作是输出

素材的另一重要来源便是阅读。"心灵拍照法"是向内找素材，阅读是向外找，去别人的思想里浸润，丰富自己的感悟。就此问题，很多家长会有疑惑：我的孩子读了不少书，但是写作上的成长极其缓慢，这又是为什么呢？诚然，阅读是输入，写作是输出，如何阅读才能真正有助于提高作文水平呢？

它包含两个问题：读什么书？怎样读？

很多孩子爱读东野圭吾的小说，或是言情玄幻小说，或是恐怖侦探小说。从文学的角度来说，我并不反感这类作品，但是你要是指望孩子通过读这些书来提高作文成绩，这个愿望可能要落空了。当我们阅读这些书时，我们的大脑很兴奋地被故事情节带着走，每一页都很新奇，我们往往很快地读完一整本书，读完也会有一种饱腹感，但这种饱腹感很快会消失，无法成为我们真正的能量。这一类阅读为"消遣式阅读"。

如果读书的目的是提高写作能力，我们的关注点应该是词汇量、修辞法。优秀的文学作品，一定提供了一些"高级"的词汇、一些富有表现力的修辞、一些很棒的观点。下定决心读，就一定要读一流的中文作品。对初中生，我推荐最多的是林清玄、张晓风、丁立梅、毕淑敏、蒋勋、李娟、刘亮程、龙应台等作家的作品。当你对语言文字有了更好的感悟之后，建议你读张爱玲、鲁迅、阿城、汪曾祺、老舍、沈从文的作品，它们会给你更好的营养。

怎样读呢？

建议你选择自己喜欢的一名作家，花至少一周的时间浸泡在他的文字中，读他的作品至少两本以上，这时你对他的思维方式和语言风格会有比较好的了解。不要贪多，将所有作家的书胡乱翻一遍，用处是不大的。

那如何把自己浸泡在名家作品里呢？

真正的好文字，用眼睛扫一遍就太可惜了，我会鼓励学生把它记下来，养成做读书笔记的习惯。如果只是简简单单地抄写一遍，用处不大，我推荐点评式读书笔记法和仿写式读书笔记法。

1. 点评式读书笔记法

点评，即细致分析文字的妙处，以及这种妙处是如何达成的，并归纳出相关的写作技能点。

淡黑的起伏的连山，仿佛是踊跃的铁的兽脊似的，都远远地向船尾跑去了，但我却还以为船慢。（鲁迅《社戏》）

点评："淡黑"是山的颜色，为什么是淡黑，而非墨黑？因为上文写到"月色便朦胧在这水气里"，此时的月光在"水气"上有了漫反射，"水气"白蒙蒙一片，让山色也淡却了。而且"淡"给"我"的感觉没有"墨""深""沉"这般严肃压抑，"我"此时可是满心欢喜地去看社戏的。"踊跃"写出了山势的起伏有致，"兽脊"是一个极好的喻体，一瞬间写出了山的黑峻与峥嵘。最妙的是"都远远地向船尾跑去了",这里不写船飞速前进的状态,而写山的状态,山相对于船而言是向后飞速运动的,不正可见船速之快吗?最后再写"但我却还以为船慢",一气呵成,展现了儿童看事物的有趣视角,也表现了他的焦急之情。

技能点总结:

(1)注意环境中的颜色差异,不可滥用词语。

(2)比喻句的本体和喻体要找好找妙,情感融入很重要。

(3)写运动时,可以写景物的相对运动,会很有趣。(点评人:吴倚雯)

这是对文章字词句的细致品读,这样的细致品读会提升对句子的鉴赏能力。

2. 仿写式读书笔记法

仿写,是由具体的文段生发出自己的联想感悟,主要分为话题式仿写和技能点仿写。话题式仿写,即摘抄的语句唤醒了你的某种生命体验,让你不吐不快。技能点仿写,则是根据文段的句段特点进行仿写。

(1)话题式仿写法。

在北平即使不出门去吧,就是在皇城人海之中,租人家一橼破屋来住着,早晨起来,泡一碗浓茶,向院子一坐,你也能看得到很高很高的碧绿的天色,听得到青天下驯鸽的飞声。从槐树叶底,朝东细数着一丝一丝漏下来的日光,或在破壁腰中,静对着

像喇叭似的牵牛花（朝荣）的蓝朵，自然而然地也能够感觉到十分的秋意。（郁达夫《故都的秋》）

作者特别会找细节载体，"驯鸽""槐树""牵牛花"，极具地域特色，也具有时代气息。我们现代人眼中的秋，又是怎样的呢？

仿写：

暮秋的城市，刚刚经过一场雨的洗礼，那沥青路上落满了残叶，本该是一派孤独萧瑟的意境吧，却怎也闲不下来。一辆紧逼着一辆的小轿车呼啸而过，留下数十条重重叠叠的水印子，溅得路人嫌恶地露出愤怒的眼神。那本该清悠地浮在水上的叶子，也被碾得就要嵌进马路里了。引擎的呼啸，卷起的旋风，行人的匆匆，无一不让我心生烦躁。是什么时候开始，城市的四季完全成了一个模样？又是从什么时候开始，没有人愿意停下脚步，重新生发出"叶落知秋"的遥想了？我们没有青天，没有驯鸽，更没有时间细数一丝一丝漏下来的日光，我们把季节弄丢了。（仿写人：邹颖霖）

这是由文字引发自己的感悟进行的仿写，是就"秋"这个话题进行的仿写，是内容上的生发。坚持仿写，有助于唤醒学生的生活经验，提升学生的生活敏感度。

（2）技能点仿写法。

百十个斜背响鼓的后生，如百十块被强震不断击起的石头，狂舞在你的面前。骤雨一样，是急促的鼓点；旋风一样，是飞扬的流苏；乱蛙一样，是蹦跳的脚步；火花一样，是闪射的瞳仁；斗虎一样，是强健的风姿。黄土高原上，爆出一场多么壮阔、多

么豪放、多么火烈的舞蹈哇——安塞腰鼓！（刘成章《安塞腰鼓》）

技能点：①用排比句写大场面。②喻体提前，冲击力更强。

仿写：

随着鼓声，选手们的动作整齐而有力。他们的身子不断趴下去又挺起来，龙舟越来越快。霎时间，骤雨一样，是热烈的喝彩；旋风一样，是摆动的船桨；乱箭一样，是四溅的水花；火花一样，是闪射的瞳仁；斗虎一样，是强健的风姿。转眼间，龙舟冲到了弯道。（仿写人：李梓轩）

如此阅读，才能真正提升你的表达力。去阅读，让自己的素材库丰富起来吧。

第二章

技能篇——景物描写

描写是让读者"看见"。只有"看见",才能感同身受。

第一讲　描写，让你被"看见"

在我们的语言表达习惯中，有五种常见的表达方式：

（1）叙述：叙述人物的经历。

（2）描写：以形象的语言，对人物、事件、环境做细致入微的描绘，给人以真切的感受。

（3）议论：表明观点和态度。

（4）抒情：抒发感情。

（5）说明：对事物进行科学的介绍。

以"豆子发芽了"为例。

"今天早上，豆子发芽了。"这是叙述。

"豆子的小芽浅绿色，瘦瘦的，弱不禁风的样子。"这是描写。

"豆子发芽很重要。"这是议论。

"豆子发芽啦！好可爱啊！"这是抒情。

"豆子发芽需要充足的阳光和水分。"这是说明。

在作文中，五种表达方式各司其职，帮助我们表达得更清晰。其中，描写最为基础，主要用在三个方面：写人，描绘人的性格特点；写景，表现景物特点；写事，描绘事件发生的场景。一篇文章是否精彩，很大程度上看的是作者的描写功力。

在考场作文中，经常出现偏重叙述而缺少描写的情况，这样作文会显得空洞无物，读起来一点意思都没有。究其根本，在于作者不会描写。

描写到底是什么呢？

一般说法：用色彩鲜明、立体感强、生动形象的文字语言把表述对象的状态生动、具体地描绘出来，给人栩栩如生、身临其境之感。

简单说，描写就是把你看到的一个人、一件物品、一个场景告诉那些没有看到的人，使他们"看见"并感同身受。

我看见他戴着黑布小帽，穿着黑布大马褂，深青布棉袍，蹒跚地走到铁道边，慢慢探身下去，尚不大难。可是他穿过铁道，要爬上那边月台，就不容易了。他用两手攀着上面，两脚再向上缩；他肥胖的身子向左微倾，显出努力的样子。这时我看见他的背影，我的泪很快地流下来了。（朱自清《背影》）

这是朱自清先生《背影》里的经典片段，不断被拿出来作为写作范本。这段文字的精彩之处在于朱自清先生的描写让我们清晰地"看见"了父亲，像一个电影镜头一样，父亲的衣服、笨拙的动作，以及他的努力都在眼前。透过镜头，进而感受到朱自清对老来颓唐的父亲的心疼。这就是成功的描写。

描写是让读者"看见"。只有"看见"，才能感同身受。

阅读《我的外婆》中的片段，判断这位小同学的描写是否合格。

暑假，我在外婆家住。外婆拿出一件围裙，给我系上，郑重其事地宣布：她要教我洗碗！接着，她开始教我如何洗去油渍，刮掉污迹，还自己示范了一次。外婆的手在洗碗时十分灵活，水流不大，却清洗得很干净。外婆拿来一个小凳子，让我站在上面洗，我学着外婆的样子，摊开布冲洗起来。

作者描写外婆教他第一次洗碗的场景，事件叙述清晰。描写是否合格，我们判断的标准是：读到这段文字时，你的脑海里，有没有"看见"一幅清晰的画面。如果不够清晰，是哪些部分必不可少却又模糊不清？

其一，外婆示范的动作必不可少，但是作者写得很概括，只说"外婆的手在洗碗时十分灵活"，怎样灵活的？没有描写。其二，"我学着外婆的样子，摊开布冲洗起来"，怎样冲洗的？没有描写。因此，读者看不见外婆教"我"洗碗的细节，导致"我"和外婆的人物形象都不够丰满。读者看不见你所写的场景，他就会失去耐心。在考场上，你失去的就是拿高分的机会。

"外婆的手在洗碗时十分灵活"这是生硬地告诉读者，但读者看不见。

"外婆倒掉碗里的残汤，手拿海绵洗起碗来，只见双手齐动，小瓷碗在外婆手里有规律地慢慢地转动，另一只手轻轻地擦拭，发出'咯吱咯吱'的响声，来回几次，浸过清水，小瓷碗便洁净到发光了！"这是生动的描写，读者因此"看见"一个能干的外婆的形象。

"班主任今天很高兴。"这是叙述。

"今天班主任笑脸盈盈的，走路时脚步轻快如风，浅黄色的小裙子也随之欢快地摇摆起来。"这是描写。

提高作文水平的第一步，便是：尽量少叙述，多描写。

那么，描写的功力如何提升呢？在我们的生活经验中，景物和人物是最重要的两个描写对象，因此将描写技巧分为写景和写人进行介绍。下面先介绍景物描写。

第二讲 景物描写的妙用

在我们的生活经验中,景物和人物是最重要的两个描写对象。在所有的描写练习中,写景是最基础的练习。

为什么下笔写景呢?我们生活在自然里,层层叠叠的记忆与景物相关,它增添我们生活的趣味,影响我们的情思和行动。人有时甚至会触景生情,感到自己与天地万物之间有某种神秘的关联,从秋之落叶窥见死亡的悲哀,由春之落花感悟时光易逝,容颜易老。因此,景物描写是我们体察万物、观照自身的重要一课。

很多文章中,写景像是锦上添花,其实不然。恰到好处的写景能让读者"看见"美妙的风景。

紫薇花是六瓣的,但是花瓣皱缩,瓣边还有很多不规则的缺刻,所以根本分不清它是几瓣,只是碎碎叨叨的一球,当中还射出许多花须、花蕊。一个枝子上有很多朵花。一棵树上有数不清的枝子。真是乱。乱红成阵。乱成一团。简直像一群幼儿园的孩子放开了又高又脆的小嗓子一起乱嚷嚷。(汪曾祺《紫薇》)

汪曾祺先生一定仔细地看过紫薇花,翻来覆去地看,数花瓣,看纹理,然后再描述。随后作者说"真是乱。乱红成阵。乱成一团。简直像一群幼儿园的孩子放开了又高又脆的小嗓子一起乱嚷嚷"。这是紫薇花最大的特点——红且乱,是作者最直观、最孩童的感受。运用通感的手法,视觉上的茂盛变成了听觉上的热闹,将盛开的紫薇花写得活泼明艳，让读者眼前又多一景。

森森冷气漫出峡口，收掉一身黏汗。近着峡口，倒一株大树，连根拔起，似谷里出了什么不测之事，把大树唬得跑，一跤仰翻在那里。峡顶一线蓝天，深得令人不敢久看。一只鹰在空中移来移去。（阿城《峡谷》）

第一次看这段文字，惊叹：帅炸了，这颗脑袋多聪明！"漫""收"，用字精准到极致，用哪一个旁的字都不好。接着写峡口的大树，树本是不动的，但作者脑补了一个画面，这棵树不仅活了，而且好像受了什么惊吓，惊慌失措，"一跤仰翻在那里"。作者运用拟人的修辞手法，以动写静，不出奇。但奇的是什么呢？

再看一个比喻句。"秋天到了，树上金红的果子露出了笑脸，她在向我们点头微笑。"对比之下有什么区别？一般的拟人句是赋予景物一瞬间人的情态，而阿城则加入了故事情节，创造了一个完整的剧情，新鲜有趣。这样的写景文字让我们"看见"奇崛的风景。

不仅如此，景，既是客观的景，同时在人的笔下又沾染了人的气息，可以表达出很多复杂的情绪。

月亮出来了，冷冷的，我不禁打了个寒颤。路上一点声音也没有。（张之路《羚羊木雕》）

月光是冷的，因为"我"的心是悲伤的。这里的景，是"我"被迫与朋友决裂后悲凉心情的投射。

薇龙一抬眼望见钢琴上面，宝蓝瓷盘那一棵仙人掌，正是含苞欲放，那苍绿的厚叶子，四下里探着头，像一窠青蛇；那枝头的一捻红，便像吐出的蛇信子。（张爱玲《沉香屑：第一炉香》）

上海女中学生葛薇龙在"八一三事变"后，跟随家人一起到香港避难。后因物价飞涨，家人打算离港返沪，薇龙为了继续求学，投靠了断绝关系多年的、富有的、寡居的亲姑母。在姑母豪华精巧的房子里，薇龙以为可以独善其身，最后依然被奢华的物质生活俘虏，失去自我。这处写景，是薇龙刚入姑妈家时所见。宝蓝的盘，苍绿的叶，青色的蛇，红色的蛇信子，一组鲜亮的颜色搭配，丝毫没有让人感到愉悦，反而让薇龙感受到寒气逼人，惊悚不已，暗示薇龙的处境——华丽却危险至极。

这里，景也是心情。

在应试作文的模式下，写景有什么用处呢？

景物描写可以做一盘下酒小菜。好的景物描写用在开头，可以带入情境，简单明了，又不落入俗套。例如：

茶馆很旧，坐落在老镇曲折的青石板路间。早期的小贩不紧不慢地赶着驴，哼着不成调的曲子，不时吆喝一声买卖。声音随嗒嗒的脚步传入深深的巷弄里，悠回婉转。（学生习作《恒》）

这样的开头直接带读者进入情境中，既不拖泥带水，又可以展现自己的文字功底。

景物描写也可用在结尾，照应前文，且有余韵不绝的效果。例如：

驱车离去，回过头，依旧是那一望无际、波涛翻滚的绿。（郑超《内蒙古高原游记》）

景物描写更可以做一道见功底的大菜。在借景抒情、托物言志类型的作文中，细致高明的景物描写一定能让你的文章脱颖而出。

第三讲　Look/Watch/See

我们学习写景,需要学些什么呢?

首先,我们要拒绝模式化的表达。"模式化写景"是指作者没有新的感受,甚至没有感受,而是沿用前人固有说法的一种写法。

描写单一。说到"荷花",必引用杨万里的诗句"接天莲叶无穷碧,映日荷花别样红",诗句里的场景是否合适从来不在考虑范围内。说起"柳树",不论是冬日柳还是夏日柳,必是"碧玉妆成一树高,万条垂下绿丝绦"。

感悟也相当单一。说起"昙花",必是生命短暂而精彩。说起"梅花",必是坚强傲立雪中。当然,大众审美心理毕竟不能轻易改变,然而模式化的说法不是你的真实感受,而是万千人的思维定式。要不要跳出来?当然要。语言讲究的是创造力。你需要真正去看一朵花,去看一棵树,世界万物才不是一片模糊的概念,才会与你产生连接。

当然还有更高级的"模式化"。

蝴蝶穿花,惊起一帘暗香浮动;烟雨半场,打湿几缕记忆微凉。

大路两旁,沿路杨柳在梳妆,粗细线条如水墨画,勾人心魄。风缓缓吹过,一缕缕柳丝翩翩起舞,如碧湖微波泛着清光,温柔得叫人安宁。沿曲径小道走去,近有柔树带风,远有艳丽繁

花,游船泛水,江南楼阁。如诗中说:杨柳满长堤,花明路不迷。画船人未起,侧枕听莺啼。(学生作品《遇见杭州》)

有同学偏爱诗意的江南意象,烟雨、杏花、流水碧波、白墙黛瓦,排列组合,外带古诗助力。这类写景文字初看用词华丽,但也只是隔着一只华丽的靴子在搔痒。我不推崇这种吟风弄月、华而不实的写景文,这是通过背诵好词好句就可以达到目的的简单操作,却不能真正展现你的语言创造力。因此,我们必须对这种模式化的东西说"不"!

如果要写得"实",必须学会观察。简单来说,观察,就是看,是 look。但不只如此,观察是 watch——一定时间的凝视,然后你才能 see——看见。经过思维的选择、分析,最终形成感受和思考。

为什么讲得这么复杂?想一想,前一秒你看见了什么?可能只是一堆模糊的印象吧,甚至你会一愣,自己好像什么也没看见啊。大多时候,我们的双眼在看,但所看之物并未进入大脑,也无所谓看见,更不用说思考。所以,观察不仅需要用眼,更需要调动所有感官,抓住景物留给我们的印象。

1. 观察的目的是抓住印象,抓住特点

汪曾祺先生在《语文短简》中写道:

我曾经在一个果园劳动。每天下工,天已昏暗,总有一列火车从我们的果园的"树墙子"外面驰过,车窗的灯光映在树墙子上,我一直想写下这个印象。有一天,终于抓住了。

车窗蜜黄色的灯光连续地映在果树东边的树墙子上,一方块,一方块,川流不息地追赶着……

"追赶着",我自以为写得很准确。这是我长期观察、思索,才捕捉到的印象。

汪曾祺的句子看似简单,但他的视觉感受抓得奇准,一句话,火车驰过时的色彩、形状、动态都在读者眼前了。

当然,观察不仅仅是眼睛的工作,还需要唤醒你的所有感官——耳、鼻、口、皮肤等。集中注意力,才能抓住最准确、最全面的印象。

夏天月夜行船,那该是怎样的体验呢?我们跟着鲁迅先生来感受:

两岸的豆麦和河底的水草所发散出来的清香,夹杂在水气中扑面的吹来;月色便朦胧在这水气里。淡黑的起伏的连山,仿佛是踊跃的铁的兽脊似的,都远远地向船尾跑去了,但我却还以为船慢。(鲁迅《社戏》)

豆麦与水草的清香,是嗅觉;"水气"扑面,是触觉;月色朦胧,淡黑起伏的连山向船尾跑去,是视觉。鲁迅先生调动多种感官,抓住了那一刻的印象,还原场景,才能让我们感受到那朦胧月色,那飞快往后退去的连山,那颗迫不及待看戏的童心。

鲁迅先生的这个方法,你也可以用。观察一棵树,你可以看树干和树叶的颜色和形状,可以触摸它们,可以捏碎树叶闻一闻它的气味,然后用一串精练的词语记下你的感觉。如"颜色——墨绿色、边缘淡黄色""形状——长剑一般""触觉——光滑的,边缘锋利""嗅觉——清凉的、淡淡的青草味道"。不单单是景,观察一只猫,也可以用这种方法。你可以摸它的皮毛、胡须、爪子、坚硬的骨骼、柔软的腹部,倾听它通过喉咙或身体发出的各种声音——睡觉时的呼噜声、爪子划过地毯时的声音,闻闻它皮毛的气味,然后用精练的词语记录自己的感受。

带上你的感官,观察出细节,观察出独特,进而明白世界的参差多态。

2. 观察是缓慢的、动情的艺术

蜂儿如一朵小雾稳稳地停在半空;蚂蚁摇头晃脑捋着触须,猛然间想透了什么,转身疾行而去;瓢虫爬得不耐烦了,累了祈祷一回便支开翅膀,忽悠一下升空了;树干上留着一只蝉蜕,寂寞如一间空屋;露水在草叶上滚动,聚集,压弯了草叶轰然坠地摔开万道金光。(史铁生《我与地坛》)

这段文字最打动我的是什么呢?是史铁生对小昆虫细致入微的描写,蜂儿、蚂蚁、瓢虫、蝉蜕,生活中有吗?有!但我从未感受过蚂蚁的摇头晃脑,因为我没有盯着蚂蚁观察那么长的时间。我也写不出"瓢虫爬得不耐烦了,累了祈祷一回便支开翅膀"的句子,因为我从没仔细体会过一只瓢虫的心情。这些句子背后藏着的是作家非常耐心、非常动情的观察。

要想全面地了解事物,不可能一瞥而过,需要持续一段时间的观察。同时,文学上的观察不同于科学观察,你不是一个冷静的旁观者,你是一个怀着情感的参与者,尝试与观察对象互换生命,像一棵小草在春天钻出黑暗,像一棵树扎根泥土感受生命。

作家刘亮程用一个下午观察老鼠洞穴，发现老鼠勤劳匆忙、分工明确，于是饱含深情地感叹"这些匆忙的抢收者，让人感到丰收和喜悦不仅仅是人的，也是万物的"。

观察一棵树，通过一天的观察，我们能够了解它在早、中、晚的不同；通过一个月的观察，我们能够了解它生长的细致变化；通过一年的观察，我们能够看到它从生长到凋落再到休眠的全过程。当你长时间地观察一棵树，你就"认养"了它，它属于你，它与你产生精神连接，动情的大自然的文字便不再是名家专属。

曹文轩说过："这个世界脾气特别古怪，你必须凝视它，它才会把大门打开，让你看到它里头的风景。如果你不凝视它，它的大门就永远是紧闭着的，你什么也看不见。"好的语言，必须基于长期的、动情的观察。

3. 观察是思考的前奏

观察，不只需要带着情感，更需要带着思考参与其中。一次，我去参观传统岭南建筑陈家祠，看到很多精美的雕饰，门上有各种各样的花纹。什么花纹？有什么故事？有什么寓意？我全不懂。问过导游后才知道，原来门上、瓦脊上雕刻的奇怪动物是蝙蝠。蝠，谐音"福"，寓意陈家祠是最多福的地方，古人将自己对未来美好的期许融入建筑装饰里。石雕上有两个奇怪的小朋友，长着翅膀，扎着中国福娃的发辫，穿着裤子，那是中国的"小天使"。因广州是中国较早的通商口岸，西方的审美传入，中国的匠人将其融汇，于是便产生了中西结合的"小天使"。你看，一直问下去，你会发现一个你从未打开过的世界。反之，匆匆一瞥，全世界的美景对你来说都一样乏味。

因此，观察的思维路径总结起来应该是这样的：你看到了什么—确定观察内容，它是什么样的—抓住感官信息，你有什么感受和思考—明确感受。

如何检验自己的观察效果？回答三个问题：有什么？怎么样？有何感受和思考？

有什么	怎么样	感受和思考

填写报告须知：

（1）名词要准确具体。

（2）感官信息越具体越好，写出让你印象最深的细节。

（3）感受和思考要诚实。

示例：

上图是我在学校拍摄的一处风景,下表是我的观察报告。

有什么	怎么样	感受和思考
睡莲叶、花、落叶、潭水	叶(颜色:绿色,深浅不一。形状:近于圆形,有一角缺口) 花(颜色:紫红色,花蕊金黄。形状:花瓣呈轴对称图形。气味:淡淡的香气) 落叶(颜色:黄绿色、褐色) 潭水(颜色:因树荫的遮挡呈黑色)	感受:自然的颜色丰富,形状奇妙 思考:睡莲花瓣为何是轴对称图形?

【刻意练习】

选择其中一个练习题,进行练习。

练习1:观察你小区或学校里的一种植物。

练习2:观察一个当地有特色的建筑。

练习3:观察一天早上及傍晚的天空。

练习4:_____(根据自己的喜好补充)

观察报告选题:_____

有什么	怎么样	感受和思考

第二章 技能篇——景物描写

第四讲　选好观察点

"横看成岭侧成峰,远近高低各不同。"不同的观察点,可以发现不同的景色。因此,在进行景物描写时,首先要选定自己的观察点,这样描写时才不会混乱。

常见的观察方式有两种:定点观察和移步换景。简单来说,定点观察就是眼动身不动,站定在一个地方,用视线的变化带动景物的变化。

到了铁公祠前,朝南一望,只见对面千佛山上,梵宇僧楼,与那苍松翠柏,高下相间,红的火红,白的雪白,青的靛青,绿的碧绿,更有那一株半株的丹枫夹在里面,仿佛宋人赵千里的一幅大画,做了一架数十里长的屏风。正在叹赏不绝,忽听一声渔唱。低头看去,谁知那明湖业已澄澈的同镜子一般。那千佛山的倒影映在湖里,显得明明白白。那楼台树木,格外光彩,觉得比上头的一个千佛山还要好看,还要清楚。(刘鹗《老残游记》)

这一处采用了定点观察的方法描绘了千佛山、大明湖的秀丽景色。作者以"铁公祠前"为观察点,先写"朝南一望",仰视千佛山,风景如画,接着"低头看去",俯瞰大明湖,"格外光彩"。读者便跟着作者"朝南一望""低头看去",这样一幅秀丽的济南风光图就明明白白出现在脑海中了。

最妙的是下点儿小雪呀。看吧,山上的矮松越发的青黑,树尖儿上顶着一髻儿白花，好像日本看护妇。山尖全白了，给蓝天镶上一道银边。山坡上有的地方雪厚点儿，有的地方草色还露着；这样，一道儿白，一道儿暗黄，给山们穿上一件带水纹的花衣；看着看着，这件花衣好像被风儿吹动，叫你希望看见一点儿更美的山的肌肤。等到快日落的时候，微黄的阳光斜射在山腰上，那点儿薄雪好像忽然害了羞，微微露出点儿粉色。（老舍《济南的冬天》）

老舍再现了济南雪后的山景。作者站在山脚，先是看向"山上的矮松"，然后看向"山尖"，接着看向"山坡"，再到"山腰"，明确的方位名词让读者有清晰的方向感。"等到快日落的时候"一句让我们可以想见作者一定是对这一画面各个时间点的变化都熟记于心了。这里，定点观察，不变的是脚步位置，变化的是视线，还有时间。

移步换景是身动眼也动。随着脚步的移动变换位置，眼睛也在一处一处地进行观察，相当于我们在游玩时，边走边看。

老残出了金泉书院，顺着西城南行。过了城角，仍是一条街市，一直向东。这南门城外好大一条城河，河里泉水湛清，看得河底明明白白。河里的水草都有一丈多长，被那河水流得摇摇摆摆，煞是好看。走着看着，见河岸南面，有几个大长方池子，许多妇女坐在池边石上捣衣。再过去，有一个大池，池南几间草房，走到面前，知是一个茶馆。进了茶馆，靠北窗坐下，就有一个茶房泡了一壶茶来。（刘鹗《老残游记》）

老残在济南城里边走边看，向我们展现了济南城的一些风景和济南城人的日常生活细节：护城河泉水清澈，水草飘摇；妇女在河边捣衣，茶馆里有人在悠闲品茶。济南城的轮廓就这样被一处一处地勾勒出来了。

认识了常见的两种观察方式，回到写作实践上来。因为通常我们在进行描写时都不在景物现场，所以为了清晰地描写景物，我们一定要在脑海中选择一个观察点。如何进行选择呢？

（1）定中心。明确你想表现的景物的特点。

（2）定观察点。为了表现景物的特点，你是想要具体地展现一个细节，还是想勾勒一个整体画面，或是想勾勒全貌时又兼顾细致刻画？定点观察如同特写镜头，选取景物范围较小，但具体细微。移步换景勾勒整体印象，选取景物范围较大。二者可同时搭配着使用。

（3）定语言形式。当我们还原景物时，需要一个很清晰的路线图指引读者。

定点观察的关键词是"看"。"看吧""低头看去""看着看着"，为了避免单调，也可使用"看"的同义词如"望""见""远眺"等，引导读者紧跟你的视线。

移步换景的关键词是"走"。交代自己行走的方位或交代清晰明确的地名，能让读者更加清晰地了解你的行踪，跟着你的步伐边走边欣赏。

第五讲　描写三部曲

观察完毕,开始描写。拿起笔,凝神思考。从哪儿下手呢?

这时需要抓住记忆中的印象,在描写时突出它的特点。我看到了什么?它有什么特点?面对它时我的感受如何?简化起来是:有什么,怎么样,感受如何。

示例 1:小潭睡莲

训练点:定点观察,熟练运用描写三部曲。

观察方式	定点观察
有什么	睡莲叶子、花、落叶、潭水
怎么样	视觉：颜色（叶是翠绿色、暗绿、淡绿、褐色、黄色，花是紫色、金色），形状（叶子是圆形、卷形） 嗅觉：淡淡的花香味，落叶腐烂的气味 触觉：花瓣嫩滑如丝绸
感受如何	夏日散步看花，融入自然，心情也沉静下来

这个画面本身比较简单，但即使简单，也有主次之分。这个主次指的是你关注的主次，你关注的是潭水还是睡莲。选择你印象深刻的内容，不必面面俱到。事物的特点很多，颜色好看或香味独特等，不必每一点都详细深入，根据自己的印象突出某一点就好了。

描写示例：

睡莲翠绿色的圆叶静静地卧在水面，新叶淡绿，旧叶暗绿，互有重叠。大大小小、深深浅浅的绿，夹杂几片枯叶的褐、落叶的黄，这便是夏日清凉的小潭风景了。更有未打开的叶，如仙人手持的书卷。仙人许是出门看花，余一书卷凝于空中，却别有一番诗意了。

小潭中间立着一株淡紫色的睡莲，凑上去看，紫色淡雅，金色辉煌。无言，只是沉醉于这辉煌的颜色，暗暗惊叹造物主的神奇。细嗅，一丝清新如山泉的气息飘来，是清凉的潭水吗？是金色的花蕊吗？是奖励我不惊不扰，大自然给予的仙露琼浆的香味吧。

示例2：乌镇的傍晚

训练点：移步换景，运用描写三部曲。

观察方式	移步换景（古桥—老巷—客栈）
有什么	房子、红灯笼、乌篷船、河水、远山、船里的人
怎么样	视觉：房子（墙壁斑驳，屋瓦灰黑。一幢连着一幢） 　　　　灯笼（一串串，红色） 　　　　雾气朦胧 听觉：划船的声音、下雨的声音 嗅觉：杏花香，青草、泥土香
感受如何	雨中乌镇，给人很宁静的感觉

这幅画面景物更多，描写原则依旧是选择你印象最深刻的景物，不必面面俱到，根据自己的印象着重突出你想表达的特点。

描写示例：

古桥上的我，默默地望着眼前的乌镇，想要把所有的景都刻进眼睛里去。雨线在水面上划过一道道褶皱，轻悠的乌篷船悄然游弋，却碰碎了河面上红灯笼的倒影。

走进老巷。巷子两旁，是暗灰的木板墙，雕花的窗。一股股细流沿着瓦槽与屋檐潺潺泻下，缓缓地滴落下来，滴在古巷里，"叮叮咚咚"的，滋润着脚下墨青的石砖。墙角长了些青苔，湿湿的，滑溜溜的。我想，雨水或许就是它最好的礼物吧！

"水国楼台晚，春郊烟雨收。"雨后，已是黄昏。停驻在客栈高处，细嗅，空气中杏花的香味，夹带着青草和泥土特有的土腥气弥漫开来。极目远眺，一排排屋顶冒着白烟，宛如一锅煮沸的山泉水。我惊讶地望着这幅景象，为大自然的画笔赞叹不已。

（作者：梁博涛）

示例3：放假后的校园一角

训练点：运用比喻、拟人的修辞手法，使描写更生动。

观察方式	定点观察(小径上)
有什么	草坪、树、路灯杆子、小径、石桌、石凳、楼房
怎么样	视觉:草坪(阳光照射的部分是亮绿色,被遮挡的部分是暗绿色),石桌、石凳(灰白色) 触觉:石桌、石凳(冰凉) 听觉:鸟叫声
感受如何	放假后的校园很安静

描写示例:

放假后的校园静悄悄的。

淡黄色的余晖斜斜地照在小园中,将园子劈成两半:明的和暗的。

一溜阳光泼洒下来,倾倒在草坪上,一根根青翠的小草仿佛被灌注了金色的灵魂,变成一条条燃烧的河流,汇聚在一起,对抗着越来越强大的昏暗。

昏暗的一角,是暗绿的草坪,几个被修剪过的盆景,还有冰凉的石桌石凳。它们等着学生们来坐,等着学生们从它们身边飞驰而过。下棋,读书,唱歌,都是好的。不过现在什么都没有发生,只是冷冷清清。连那奔涌的金色的河流也越来越窄,颜色越来越淡。唯有三两只鸟儿,在校园的枝杈间蹦跳。

【刻意练习】

从下面题目中选择两个话题进行描写,并对照评价表给自己评分。

描写评价表			
描写			评分
有什么			
怎么样	视觉		
	听觉		
	嗅觉		
	触觉		
	味觉		
感受如何			
总分			

评分标准:"有什么"一栏中,名词具体准确加5分,涉及描写的不同名词,可不断累积加分。"怎么样"一栏中,为体现感官,会使用相应的词语,每出现一个词语加5分,涉及同一种感官不同方面的描写,可累积加分。"感受如何"一栏中,描写感受的词语,每个加5分,涉及不同感受的表达,可累积加分。

描写示例:

"吹面不寒杨柳风",不错的,像母亲的手抚摸着你。风里带来些新翻的泥土的气息,混着青草味儿,还有各种花的香,都在微微润湿的空气里酝酿。鸟儿将窠巢安在繁花嫩叶当中,高兴起来了,呼朋引伴地卖弄清脆的喉咙,唱出宛转的曲子,与轻风流水应和着。牛背上牧童的短笛,这时候也成天在嘹亮地响。(朱自清《春》)

描写评价表			
描写			评分
有什么		风、润湿的空气、鸟儿、短笛	每个5分，共20分
怎么样	视觉	鸟儿将窠巢安在繁花嫩叶当中（5分）	共30分
	听觉	呼朋引伴地卖弄清脆的喉咙，唱出宛转的曲子，与轻风流水应和着。（5分）牛背上牧童的短笛，这时候也成天在嘹亮地响（5分）	
	嗅觉	风里带来些新翻的泥土的气息，混着青草味儿，还有各种花的香（5分）	
	触觉	像母亲的手抚摸着你（5分）在微微润湿的空气里酝酿（5分）	
	味觉		
感受如何			
总分		50分	

描写练习1：描写你家阳台上看到的风景。（定点观察）

描写练习2：描写你从教室座位看出去的风景。（定点观察）

描写练习3：描写你最喜欢的公园的一角。（移步换景）

描写练习4：描写你熟悉的菜市场的一处风景。（移步换景）

话题1：_____

_____

评分：

话题2：

评分：

第六讲　不知名的野花很伤心

路边的野花开了，一朵一朵的小黄花，特别可爱。我随手拍了一张照片，并根据"有什么""怎么样""感受如何"的思维路径进行描写练习。

那是一种不知名的野草，在大太阳底下开着花。一大片都是那样子的草，暗绿色的草叶很茂盛，开着鲜黄色的花朵，像一个个圆形的纽扣，在太阳猛烈的照耀下，一点都没有退缩的样子，反而开得更起劲了。

这个描写好不好呢？如何检验？老方法：读一遍，你是否"看见"了一幅清晰的图景呢？

不太清晰，对吧？

最重要的原因是"那是一种不知名的野草"。野草有千万种，开黄色小花的野草也有很多。文字在作者笔下诞生，进而在读者脑海中实现转化。如同听英文，单词转化得太慢，会直接导致内容读取失败。文字转化得快且清晰非常重要，这就得依靠"名词的准确与具体"。

"我今天去超市买菜，那个导购是个大帅哥。"

"我今天去超市买菜，那个导购比彭于晏还帅哟。"

"帅哥"是无法想象的俗套词语，而"彭于晏"却提供了鲜明的画面感，名词的具体不可不学。

方文山作词的歌曲《青花瓷》中有"帘外芭蕉惹骤雨，门环惹铜绿，而我路过那江南小镇惹了你"。"芭蕉""骤雨""门环""铜绿"四个名词，一下子将江南雨季的风景写得鲜活无比，一个"惹"字也顺势带出了浪漫的爱情故事。

方文山选择的这四个名词都自带光芒，其中"芭蕉"这个名词更是自带诗意。"窗前谁种芭蕉树，阴满中庭。阴满中庭，叶叶心心，舒卷有余情。伤心枕上三更雨，点滴霖霪。点滴霖霪，愁损北人，不惯起来听。"这是李清照的芭蕉。"流光容易把人抛，红了樱桃，绿了芭蕉。"这是蒋捷的芭蕉。一个名词就带出了我们记忆深处的宋词之美，这就是中国风。

其实，名词反映的是我们对世界的好奇以及了解程度。

不必说碧绿的菜畦，光滑的石井栏，高大的皂荚树，紫红的桑葚；也不必说鸣蝉在树叶里长吟，肥胖的黄蜂伏在菜花上，轻捷的叫天子（云雀）忽然从草间直窜向云霄里去了。单是周围的短短的泥墙根一带，就有无限趣味。油蛉在这里低唱，蟋蟀们在这里弹琴。翻开断砖来，有时会遇见蜈蚣；还有斑蝥，倘若用手指按住它的脊梁，便会啪的一声，从后窍喷出一阵烟雾。何首乌藤和木莲藤缠络着，木莲有莲房一般的果实，何首乌有臃肿的根。（鲁迅《从百草园到三味书屋》）

鲁迅的百草园里，植物有皂荚树、桑树、何首乌、木莲，动物有鸣蝉、黄蜂、叫天子、油蛉、蟋蟀、蜈蚣、斑蝥。每样事物都在鲁迅笔下焕发出独特的光彩。

随手翻一翻汪曾祺的文章，你就会发现，花有凤仙花、蜡梅、天竹、紫薇花、马兰花、马缨花、绣球花、杜鹃花、木香花，动物有蝈蝈、蝉、蜻蜓、刀螂（螳螂）、蚂蚱、花大姐（七星瓢虫）、独角牛、磕头虫、蝇虎、狗蝇等。读《昆明的雨》，你会知道昆明的菌子有牛肝菌、鸡㙡、干巴菌、青头菌、鸡油菌等。这时你不得不感叹自己对这世界了解得太少了！这与我们的生活环境有关，也与我们渐已关闭的好奇心有关。就像去食堂吃饭，你习惯用手指着菜，跟阿姨说，"我要这个，还要那个"。久而久之，那道菜的名字你还真记不清了。你已习惯用代词帮助脑袋偷懒，更多时候你觉得没有必要什么都知道名称，就这样，名词渐渐消亡，一同消亡的还有你对语言准确性的追求。

精准的名词对写作到底有着怎样的助力呢？我们来读一段郑超同学《内蒙古高原游记》里的文字：

睁开眼，只见那一望无际、波涛翻滚的绿，雨后的草不再是浅绿色，它明亮，翠色欲流，金光闪闪，令人惊喜。随处可见的米粒大小的淡紫的阿尔泰狗娃花盛开在草原上，羊群爱吃的羊草和尖如针的针茅散发着清香，诱惑着一颗奔波的心，这时我只想欢唱一回，只想纵情一回！

当我看到"阿尔泰狗娃花""针茅"时，非常惊喜，他竟然关注到了草原上的植物，还了解到了具体的名字，真厉害！这是文学创作的基本态度。后来在班上读这篇作品，同学们都很佩服，过了很久说起这篇文章，同学们依然记得"阿尔泰狗娃花"。这就是名词的魅力，是能保持很久的记忆点。

描写，让读者"看见"。我们让读者"看见"的描写思维路径是："有什么"——先交代描写对象，"怎么样"——描述对象特点,"感受如何"——追问自己的感受。其中,交代描写对象时,名词要准确具体。

怎样做到名词准确具体呢?最重要的是要有扩大自己词汇库的意识,多关注动植物的名称、建筑的名称、唐诗、宋词等,这些信息会帮助你提高写作水平。同时,要有积累的意识。只是听了,很可能下次就会忘记,最好把每天的新发现记下来。

下笔时,记住:尽量避免使用概括性的"大名词",多用具体准确的"小名词"。这样,你笔下的风景就会离读者更近。

【刻意练习】

练习1:写出你熟知的植物名称。(最少10种)

_____

_____

练习2:写出你熟知的昆虫的名称。(最少5种)

_____

_____

练习3:写出你家乡的特色菜名(包括小吃)。(最少5种)

_____

_____

_____

练习4：请把下文中不够具体的词语画出来，将文段中概括性的"大名词"换成具体准确的"小名词"，并描绘画面。

我家的后院很大，那里种着许多花草树木，碧绿的一片，还摆着各种盆景。夕阳西下时，真好看啊！

_____

_____

_____

_____

_____

_____

第七讲　你懂得一粒米的甜味吗

在学习五感写作法之前,我向学生提议,在学习之前,周末去周边逛一逛,看一看身边的佛山名园——祖庙、清晖园、梁园,摸一摸古老的门窗雕塑,了解岭南的建筑文化。一个学生哀怨地说道:"老师,我周末要补习,安排得满满的,没有空闲时间去逛啦。"

我非常理解这个学生,但同时对纸上谈兵的写作深感忧虑,学生缺乏的是真实情境的体验。

2019年4月,霍启刚在微博晒出一组照片,引起广泛关注。他和郭晶晶带儿子到香港二澳村体验插秧,并配文说:"现在的孩子们成长在幸福的时代,没饿过肚子,挑食和浪费变成了习惯,他们更需要知道食物从哪儿来,学会珍惜,学会知足!"这样的教育方法让人赞叹,而我更关注的是这种体验对学生五感的开发。学生会因此知道泥巴沾满腿的感觉,知道插秧后腰酸背痛的感觉,更会懂得一粒米的甜味。

作家龙应台曾说:"上一百堂美学的课,不如让孩子自己在大自然里行走一天;教一百个钟点的建筑设计,不如让学生去触摸几个古老的城市;讲一百次文学写作的技巧,不如让写作者在市场里头弄脏自己的裤脚。"

沈从文的文学创造力很多来自他小时候的逃学经历——到街

上看杀猪屠狗，看打铁磨刀的小贩，看革命军杀人……"我的心总得为一种新鲜声音，新鲜颜色，新鲜气味而跳。"

他仔细地看：

在南门河滩方面我还可以看一阵杀牛，机会好时恰好正看到那老实可怜畜牲放倒的情形。因为每天可以看一点点，杀牛的手续同牛内脏的位置，不久也就被我完全弄清楚了。再过去一点就是边街，有织簟子的铺子，每天任何时节皆有几个老人坐在门前小凳子上，用厚背的钢刀破篾，有两个小孩子蹲在地上织簟子。（我对于这一行手艺所明白的种种，现在说来似乎比写字还在行。）又有铁匠铺，制铁炉同风箱皆占据屋中，大门永远敞开着，时间即或再早一些，也可以看到一个小孩子两只手拉风箱横柄，把整个身子的分量前倾后倒，风箱于是就连续发出一种吼声，火炉上便放出一股臭烟同红光。待到把赤红的热铁拉出搁放到铁砧上时，这个小东西，赶忙舞动细柄铁锤，把铁锤从身背后扬起，在身面前落下，火花四溅的一下一下打着。（沈从文《我读一本小书同时又读一本大书》）

他仔细地嗅、听：

死蛇的气味，腐草的气味，屠户身上的气味，烧碗处土窑被雨淋以后放出的气味，要我说来虽当时无法用言语去形容，要我辨别却十分容易。蝙蝠的声音，一只黄牛当屠户把刀插进它喉中时叹息的声音，藏在田塍土穴中大黄喉蛇的鸣声，黑暗中鱼在水面拨剌的微声，全因到耳边时分量不同，我也记得那么清清楚楚。（沈从文《我读一本小书同时又读一本大书》）

沈从文的逃学经历是不是很精彩？生活呈现的是人生百态，

在街上撒野带给他的成熟和智慧可能远超过课堂里的背诵。举沈从文的例子并不是怂恿大家逃学到街上撒野，而是要告诉大家，我们需要培养一种从自己经历的大事小事中发掘经验的能力。对于写作者来说，这种经验大多指感受，一种能在细微处感觉出趣味的能力。譬如，一场倾盆大雨，是在内心诅咒这倒霉天气，还是细细欣赏雨滴落在树叶上的妙音，观看千万雨滴的芭蕾舞，甚至感受雨丝从发尖滴落的冰凉感呢？从某种乏味的心情中跳出来，觉出一切的趣味，是作品丰富多彩的关键所在，也是使人生丰富多彩的好办法。

评改考试作文，你会明显感觉到"生活的缺失""冒险、有趣的缺失"。读到那些只会堆砌辞藻、缺乏个人真实生活经验的文章，只觉得套路满满，味同嚼蜡。这时若碰到一篇书写自己真实生活经验的文章，可能他的文辞不够优美，有时还有错别字，但你会感受到一颗真诚的心，打分自然会高。

在学习五感写作法前，先丰富自己的体验吧。

春节行花街，至少认五种花，买一盆你最喜欢的花，学着打理。

写一副对联，字歪歪扭扭也没关系，闻一闻墨汁的香气也好。

在大自然里泡一泡，呼吸自然的气息。

和爷爷奶奶一起买菜砍价，散步遛弯，或与朋友骑自行车郊游，闲话八卦。

写作，首先是与生活对话的游戏。愿你全身心投入生活，发现一个懂得生活细微之美的自己。

【刻意练习】

选择其中一组进行描写,将你当时的感受写出来。

练习1:描述某一天教室里的空气。(嗅觉)

练习2:描述走在路上你听到的声音。(听觉)

练习3:描述一次去菜市场的经历。(综合)

练习4:描述一次你干农活的经历。(综合)

第八讲　五感写作法

广东小孩对热是极有体验的,我让他们描述对热的体验。

"在太阳底下不想多待一秒,汗'哗哗'地流。"

"狗会吐着舌头,趴在银行门口,因为银行的冷气开得足。"

"你的头会发烫,感觉球鞋都要化了。"

"太阳光强烈到不敢睁开眼,有眼冒金星的感觉。"

我们是怎样感受热的呢?主要通过我们的身体,也就是视觉和触觉。我们在一个特定的真实情境下,身体会接收到各种各样的信息,在写作时,我们可以把身体接收到的信息有选择性地写出来,让读者有身临其境的感觉。

我们可以说:"今天真热,太阳真毒,简直让人难以忍受。"

当我们需要详细描写这种感受时,就需要运用五感写作法——用眼、耳、口、鼻、手的感受,即视觉、听觉、味觉、嗅觉、触觉,帮助我们把这种情境传达得更为具体。例如:

火热的太阳直射着一切,地上的水泥路面泛起了金属白光(视觉),三角梅的叶子微微耷拉着(视觉),细叶榕的叶子反射着太阳的光,细细碎碎的刀子直逼人眼(视觉)。狗趴在银行门口,吐着舌头,舌头上冒着热气(视觉)。小区里的空调外机,发出轰隆隆的噪声(听觉)。空气中飘来游泳池消毒水灼热的气味,让人恶心(嗅觉)。至于我,踩在炙热得快要融化的水泥路上,就像烤箱里的鸡,急急地迈着双腿,想在被烤焦之前逃走(触觉)。

同样,写春天刚发芽的小草,我们可以说:春天的小草真绿呀。但是,当我们需要向读者详细描写它的时候,单一视觉信息的传达还不足以表现春草的特点。朱自清先生的《春》这样写:

小草偷偷地从土里钻出来,嫩嫩的,绿绿的。园子里,田野里,瞧去,一大片一大片满是的。

"绿绿的"是视觉。可以想象,这时的作者正蹲着细细观察。接着"园子里,田野里,瞧去,一大片一大片满是的"。作者站起来极目远望,满眼的绿意,是更广阔的视野,更多的视觉信息。春天真的来了啊!一下子把春草的生命力、嫩、绿、广都写出来了。是不是很精彩?

这告诉我们,当景物是我们笔下的主角,我们要尽力去描写它时,可以用多个感官去体验,去还原。当然,并不是每一次描写都要面面俱到,你需要去选择、去组合,进而还原你的感受。

请判断下列文段所采用的感官描写,并分析作者为何要这样写,记录你读到这些文字时的感受。

A. "园墙在金晃晃的空气中斜切下一溜阴凉,我把轮椅开进去,把椅背放倒,坐着或是躺着,看书或者想事,撅一权树枝左右拍打,驱赶那些和我一样不明白为什么要来这世上的小昆虫。""蜂儿如一朵小雾稳稳地停在半空;蚂蚁摇头晃脑捋着触须,猛然间想透了什么,转身疾行而去;瓢虫爬得不耐烦了,累了祈祷一回便支开翅膀,忽悠一下升空了;树干上留着一只蝉蜕,寂寞如一间空屋;露水在草叶上滚动、聚集,压弯了草叶轰然坠地摔开万道金光。""满园子都是草木竞相生长弄出的响动，窸窸窣窣片刻不息。"这都是真实的记录，园子荒芜但并不衰败。(史铁生《我与地坛》)

感官描写：_____

品读：_____

_____

B. 雨气空蒙而迷幻，细细嗅嗅，清清爽爽新新，有一点点薄荷的香味，浓的时候，竟发出草和树沐发后特有的淡淡土腥气，也许那竟是蚯蚓和蜗牛的腥气吧，毕竟是惊蛰了啊。……雨来了，最轻的敲打乐敲打这城市，苍茫的屋顶，远远近近，一张张敲过去，古老的琴，那细细密密的节奏，单调里自有一种柔婉与亲切，滴滴点点滴滴，似幻似真，若孩时在摇篮里，一曲耳熟的童谣摇摇欲睡，母亲吟哦鼻音与喉音。或是在江南的泽国水乡，一大筐绿油油的桑叶被啮于千百头蚕，细细琐琐屑屑，口器与口器咀咀嚼嚼。(余光中《听听那冷雨》)

感官描写：_____

品读：_____

_____

C. 于是架起两支橹，一支两人，一里一换，有说笑的，有嚷的，夹着潺潺的船头激水的声音，在左右都是碧绿的豆麦田地的河流中，飞一般径向赵庄前进了。

两岸的豆麦和河底的水草所发散出来的清香，夹杂在水气中扑面的吹来;月色便朦胧在这水气里。淡黑的起伏的连山,仿佛是踊跃的铁的兽脊似的,都远远地向船尾跑去了,但我却还以为船慢。他们换了四回手,渐望见依稀的赵庄,而且似乎听到歌吹了,还有几点火,料想便是戏台,但或者也许是渔火。(鲁迅《社戏》)

感官描写:_____

品读:_____

_____

【刻意练习】

从下面题目中选择自己喜好的话题,进行练习。对照评价标准进行合理的描写,并给自己评分。

五感写作法评价表	
描写	评分
视觉	
听觉	
嗅觉	
触觉	
味觉	
总分	

评分标准:为体现感官,会使用相应的词语,每出现一个词语加5分,涉及同一种感官不同方面的描写,可累积加分。

第二章 技能篇——景物描写

练习1：描述一次看雨的经历。

练习2：描述让你感知到秋天的一个场景。

练习3：描述你熟悉的一处街景。

描写：_____

_____

_____

_____

_____

_____

_____

_____

评分：_____

_____

第九讲　视觉篇：文字的颜色

对比下面两个句子，哪一句更好？

A. 这时候，我的脑里忽然闪出一幅神异的图画来：天空中挂着一轮圆月，下面是海边的沙地，都种着一望无际的西瓜，其间有一个十一二岁的少年。

B. 这时候，我的脑里忽然闪出一幅神异的图画来：深蓝的天空中挂着一轮金黄的圆月，下面是海边的沙地，都种着一望无际的碧绿的西瓜，其间有一个十一二岁的少年。（鲁迅《故乡》）

高下立见，对吧？第二个文段多了三个表现颜色的词语——深蓝、金黄、碧绿，让我们"看见"了回忆中那个美好的夏夜，天空是深蓝的，月亮是让人愉悦的金黄色，月光下的西瓜都是碧绿的。如果没有颜色词，画面就会黯然失色。

在文字里，能感觉到的东西总是最生动、让人印象最深刻的。换句话说，想要使一件东西生动，就应该调动我们的感官。而其中，最活跃的是视觉，其次是听觉，再次是触觉、味觉、嗅觉。

视觉内容通常分为三类：色、形、势（某种动态）。其中，颜色的表达最为关键。香山红叶，首先令人震撼的不是红叶的形状，而是满山火红的颜色，令人难以忘怀的也是颜色。

说到颜色，我们一点也不陌生。赤橙黄绿青蓝紫，我们从小就知道。但是，颜色的表达不止于此。"老师今天穿了一件漂亮的红裙子。"虽点明"红"，但红有许多种，是粉红、玫红，还是大红？不够清晰的表达，会导致读者脑海中转化的图景模糊，表达效果就会大打折扣。鲁迅《故乡》中描绘记忆中的闰土，回忆的场景是"深蓝的天空"，而不是"蓝色的天空"。蓝色有蔚蓝、浅蓝、深蓝等，深蓝是晴朗天气时夜空的颜色。表达越具体，传达的感觉越精准，就如汪曾祺所说："一个作家要养成一种习惯，时时观察生活，并把自己的印象用清晰的、明确的语言表达出来。"

颜色的表达如此重要，我们该如何训练自己的色彩表达能力呢？

首先，明确颜色的表达方法。以"绿、红、黄"为例：

绿：碧绿、浅绿、绿莹莹、绿茸茸、翠绿、葱绿、荧光绿、暗绿、墨绿、薄荷绿、芥末绿、深绿、军绿、绿油油。

红：深红、浅红、粉红、玫红、西瓜红、草莓红、酒红、虾子红、红彤彤、红扑扑、红艳艳。

黄：杏黄、黄灿灿、鹅黄、柠檬黄、黄澄澄、暖黄、浅黄、明黄。

其中有几种表达方式，你读出来了吗？

（1）深浅浓淡法。颜色有深有浅，我们可以通过眼睛直接识别出来。

杨梅先是淡红的，随后变成深红，最后几乎变成黑的了。（王鲁彦《我爱故乡的杨梅》）

（2）明暗冷暖法。明暗是以颜色给人的感受来区分的，给人眼前一亮的是明色，不能刺激眼球的是暗色。色彩的冷暖感觉是人们在长期生活实践中由于联想而形成的。红、橙、黄常使人联想到旭日和火焰，因而有温暖的感觉，所以称为"暖色"；蓝色常使人联想起高空的蓝天、阴影处的冰雪，因而有寒冷的感觉，所以称为"冷色"。

雪野中有血红的宝珠山茶，白中隐青的单瓣梅花，深黄的磬口的蜡梅花；雪下面还有冷绿的杂草。（鲁迅《雪》）

鲁迅用"冷绿"来形容杂草，不仅给人色调灰暗之感，还让人有冬日冰凉的触觉。

南京的日光，大概没有杭州猛烈；西湖的夏夜老是热蓬蓬的，水像沸着一般，秦淮河的水却尽是这样冷冷地绿着。任你人影的憧憧，歌声的扰扰，总像隔着一层薄薄的绿纱面幕似的。（朱自清《桨声灯影里的秦淮河》）

朱自清先生用"冷冷地绿着"来形容秦淮河的水，既点明水色，也点明天气的凉爽。我们可以读出：秦淮河的水仿佛带有冷漠的神色，是极有个性的。

（3）物色组合法。我们生活在一个色彩丰富的世界，有时我们会借助事物本身的颜色进行表达，不仅可以清晰准确地传达出颜色，还包含事物的质地特点带给我们的丰富感受，一举两得。例如：西瓜红，让我们立马想到西瓜淡红的颜色，进而联想到夏日清凉的感觉；柠檬黄，让我们马上想到柠檬鲜黄的颜色，还仿佛嗅到一丝清新的酸味。再看文学作品里的表达：

草坪的一角，栽了一棵小小的杜鹃花，正在开着，花朵儿粉红里略带些黄，是鲜亮的虾子红。（张爱玲《沉香屑：第一炉

香》)

天是森冷的蟹壳青，天底下黑漆漆的只有些矮楼房，因此一望望得很远。地平线上的晓色，一层绿，一层黄，又一层红，如同切开的西瓜——是太阳要上来了。(张爱玲《金锁记》)

"虾子红""蟹壳青"，这是张爱玲的创造。"虾子红"，煮熟的虾呈鲜亮的红色，让人感受到杜鹃花开放时热烈和磅礴的气势。"蟹壳青"，是淡淡的青灰色，但除颜色之外，仿佛还能感受到蟹壳上的水汽和光亮。它用来形容早晨的天色，有色彩，有光亮，更带有水汽氤氲的感觉，贴切新鲜。

(4) 混搭法。画过水彩画的人都知道，除了三原色，其他颜色须调配出来。色彩表达也可两两搭配，创造出一种新的颜色来，如粉白、蓝紫、粉蓝。

春初水暖，沙洲上冒出很多紫红色的芦芽和灰绿色的蒌蒿，很快就是一片翠绿了。(汪曾祺《大淖记事》)

当你看过芦芽和蒌蒿之后，就会发现汪曾祺的颜色词用得有多准确了。

(5) 叠词法。一个颜色词加上一个叠词，构成"abb"的形式，不仅表现颜色，还带着叠词的意蕴。例如：绿油油，形容浓绿而润泽，如绿油油的麦苗；绿生生，形容碧绿而鲜嫩，如绿生生的菠菜；白花花，白得耀眼，如白花花的银子。

这样大的四棵大蜡梅，满树繁花，黄灿灿地吐向冬日的晴空，那样地热热闹闹，而又那样地安安静静，实在是一个不寻常的境界。(汪曾祺《蜡梅花》)

"黄灿灿"，黄而发亮，点明颜色，又表现光泽。

以上是颜色的五种表达方式，你记住了吗？

张爱玲是"颜色大家"，她对颜色非常敏感，她的作品无论是人物刻画，还是气氛渲染，处处都点染出玄妙多姿的色彩，具有独特的绘画美。请你按照上面的五种方法为张爱玲笔下的颜色词语归类。

"红色家族"：粉红、桃红、橘红、荔枝红、淡红、深红、虾子红、水红、猩红、象牙红、枣红、霁红、石榴红、玫瑰红、红棕色、肉红、暗红、嫣红、杏子红、红通通、红隐隐。

"绿色家族"：石绿、湖绿、水绿、苹果绿、玻璃翠、橘绿、淡绿、苍绿、鹦哥绿、锈绿、葱绿、海绿、墨绿、棕绿、苔绿、翡翠绿、橄榄绿、浓绿、翠绿、豆绿、灰绿、绿莹莹、绿幽幽、绿翳翳、绿油油。

（1）深浅浓淡法：_____

_____

（2）明暗冷暖法：_____

_____

（3）物色组合法：_____

_____

（4）混搭法：_____

_____

(5)叠词法：_____
_____
_____

在学习了颜色表达法之后，我们需要培养一种意识——精准表达色彩。训练方法很简单，随眼所及，看到的物品是什么颜色，就用尽可能精准的语言表达出来。

积累丰富的颜色词语，在现实生活中不断去对照，抓住自己的感受。好的色彩表达会给文章增色不少。我们来读一段吴倚雯同学《我的童年时光》里的文字：

十四号码头在四会沙尾，那里的渔民会甩着大网扯着话，互相逗乐取笑。那一张张甩动的渔网把天和海都拢进我眼中。真要感谢渔网！在方格子里，日是鸭蛋橙，天是杜鹃粉，云是火炭红，海是蟹壳青，楼是虾子灰，交织变幻间，海风唑溜溜地钻过，带着海独有的清爽和霸道，长驱直入。

作者善于观察生活，并且创造恰当的颜色词进行表达，展现了傍晚海边、天空、高楼五彩斑斓的色彩，极具画面感。

值得注意的是，颜色表达不一定要刻意求新，但一定要准确。下面是两种误用的例子：

（1）塑料红。虽是创造，但物体本身的颜色不确定，不能指向明确的颜色。

（2）虾子红。"虾子红的塑料跑道上，奔跑着青春的我们。"景物与颜色对不上，不恰当。

【刻意练习】

练习1：描述下图中的景物（图为波斯菊）。（训练点：准确使用颜色词）

_____
_____
_____
_____
_____
_____
_____
_____

练习2：描述下图中的景物（图为苏州园林雪景）。（训练点：单调中的丰富）

练习3:描述下图中的景物(图为城市风光)。(训练点:丰富而有序)

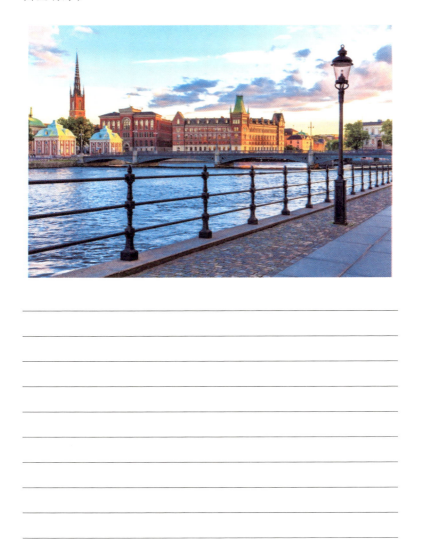

第十讲　视觉篇：让景物动起来

视觉内容通常分为三类：色、形、势（某种动态）。上一讲介绍了颜色的五种表达法，现介绍视觉内容的第三个方面——势（某种动态）。我们看到的景并不总是静态的，它们在一定的自然场景中呈现着不同的动态。有雨滴，有风吹，有鸟掠过。除颜色表达要精准之外，让景物描写鲜活起来的另一办法就是增添动态情景。

如何写好动景呢？用心观察的同时，如何描写也很关键。仔细阅读名家作品片段，归纳描写方法。

情景1：风

垂柳全乱了线条，当抛举在空中的时候，却出奇地显出清楚，霎那间僵直了，随即就扑撒下来，乱得像麻团一般。杨叶千万次地变着模样：叶背翻过来，是一片灰白；又扭转过来，绿深得黑青。那片芦苇便全然倒伏了，一节断茎斜插在泥里，响着破裂的颤声。（贾平凹《风雨》）

《风雨》全文在写风雨，几乎都是动景。贾平凹让我们知道：风雨中的动景，可以写得有多妙！选段中作者选择三件事物来体现大风：垂柳、杨叶、芦苇。垂柳"僵直"，随即"扑撒"，精准的动词还原风势凶猛的场景。杨叶没有垂柳的线条，但叶片颜色的变换也是奇景。芦苇"全然倒伏"，作者加入听觉的描写，更显风力之猛。三件事物，垂柳表形，杨叶着色，芦苇摹声，风这无色无形之物立马就有声有色了！

方法总结：起风了，观形，看色，听声。

情景2：光

秋日有白色蟹爪菊在绿叶中绽放，朵朵硬实，不知哪户人家，养菊如此爱宠。我与小伙伴们玩捉迷藏，在潮湿的大院子里穿梭，只看到诡异白花在昏暗光线中浮动如影，细长花瓣顶端隐约的阳光跳跃，是高墙西边照射进来的落日。（安妮宝贝《大宅》）

安妮宝贝写景，重在抓住瞬间的细致的印象，这一处关于"白色蟹爪菊"的描写就集中在光影的变幻上。阳光在花瓣顶端跳跃，"跳跃"这一拟人化的动词，写出了灵动的画面感，同时暗示时间急速的变化。

方法总结：拟人化的动词，让画面更生动。

情景3：雨

黑郁郁的山坡上，乌沉沉的风卷着白辣辣的雨，一阵急似一阵，把那雨点儿挤成车轮大的团儿，在汽车头上的灯光的扫射中，像白绣球似的滚动。遍山的肥树也弯着腰缩成一团，像绿绣球，跟在白绣球的后面滚。（张爱玲《沉香屑：第一炉香》）

张爱玲笔下的大雨,妙在精准的比喻句。大雨被风卷着,在灯光扫射下,如白绣球滚动,既点明颜色、形状,又写出动态,突出雨势之大。写雨中肥树,"肥"字显出粗壮茂密,拟人手法写出风雨来势汹汹,比喻句照应上文,这凶猛的雨仿佛下在眼前。

方法总结:观察和联想是使事物生动起来最有效的方法。先观察,再联想。联想时,由此景此物想到彼景彼物,比喻句就出来了;再由景物联想到人的形态动作,拟人句就出来了。比喻和拟人,让动景更加形象可感。

情景4:萌物

芦花才吐新穗。紫灰色的芦穗,发着银光,软软的,滑溜溜的,像一串丝线。有的地方结了蒲棒,通红的,像一枝一枝小蜡烛。青浮萍,紫浮萍。长脚蚊子,水蜘蛛。野菱角开着四瓣的小白花。惊起一只青桩(一种水鸟),擦着芦穗,扑鲁鲁鲁飞远了。(汪曾祺《受戒》)

这段描写前面是静景,最后一句动态的描写让所有景物一下子鲜活起来,既有形象,又有声音,让人产生邈远的遐想,带着余韵不绝的意境。妙!

情景5:水中动景

我仿佛记得曾坐小船经过山阴道,两岸边的乌桕,新禾,野花，鸡，狗，丛树和枯树，茅屋，塔，伽蓝，农夫和村妇，村女，晒着的衣裳，和尚，蓑笠，天，云，竹……都倒影在澄碧的小河中，随着每一打桨，各各夹带了闪烁的日光，并水里的萍藻游鱼，一同荡漾。诸影诸物，无不解散，而且摇动，扩大，互相融和；刚一融和，却又退缩，复近于原形。边缘都参差如夏云头，镶着日光，发出水银色焰。（鲁迅《好的故事》）

当然，水中景是一个比较特殊的场景，不常用到，但鲁迅的凝视及刻画，实在精妙！我们能感受到鲁迅式的凝望，视线慢慢移动，静态的景一一点出，水面一经搅动，涟漪四散，日光动起来了，所有的景都动起来了，有声有色有变化，原本平常的景显得更有情致了。这是动静结合写景法。如果没有对生活和自然的观察，什么技巧都是没用的。如鲁迅《好的故事》所展示的那样，精彩的文字必然出于对景物长久的凝视，对我们习以为常的事物抱着新鲜的态度。"要想真正能看到点什么，就得让自己深信，你是平生第一次看到它。"（巴乌斯托夫斯基语）

【刻意练习】

练习1：合理想象，为下面这段静景描写加上动态描写。

走近荷花世界，只见圆圆的荷叶中，冒出一朵朵粉色的花。

练习2：辨别下图中的动景和静景，加以想象并描写。

动景：_____ 静景：_____
描写：_____
_____
_____
_____
_____
_____
_____
_____
_____
_____
_____

练习3:辨别下图中的动景和静景,加以想象并描写。

动景:_____   静景:_____

描写:_____

_____

_____

_____

_____

_____

_____

_____

_____

_____

第十一讲　听觉篇：听见绿色的风

前两讲属于视觉描写的知识点，观察事物的颜色、形状、动态并进行细致描写，能把景物写得明白，让读者"看见"一幅清晰的画面。但仅仅把景物写得明白清晰还不够，我们还须借助其他感官进行描写，不仅让读者"看见"，还可以让读者"听见""闻见""触摸到"，让感受更加立体化。

声音带给我们丰富的感受，音乐家通过声音的组合，谱就美妙的曲子。我们同样可以借助对声音的感受，写出生动的文字，让读者有身临其境的感觉。

侧耳倾听，你会发现声音的世界很丰富：有清脆的鸟鸣，有车呼啸而过的声音，有鸡鸣狗吠，有悦耳的钢琴声。描写声音的方法也很丰富。

1. 直接罗列声音内容

（狗、鸡叫声）狗吠深巷中，鸡鸣桑树颠。（陶渊明《归园田居·其一》）

"狗吠""鸡鸣"为村庄增添了生气和活力，写出了乡村鸡犬相闻、恬静质朴的景象。

2. 使用拟声词

（蜜蜂声）花下成千成百的蜜蜂嗡嗡地闹着。（朱自清《春》）

一个拟声词"嗡嗡"，令读者如闻其声，也仿佛看到了成群的蜜蜂闹哄哄的热闹情景。

（市声）渐渐马路上有了小车与塌车辘辘推动，马车蹄声得得。卖豆腐花的挑着担子悠悠吆喝着，只听见那漫长的尾声："花……呕！花……呕！"再去远些，就只听见"哦……呕！哦……呕！"（张爱玲《金锁记》）

"辘辘""得得"两个拟声词，写出了一个城市宁静的开端，卖豆腐花的人的声音由近到远，悠远绵长，宁静中有生活气。

3. 活用比喻

（雨声、雪声）据说住在竹楼上面，急雨声如瀑布，密雪声比碎玉，而无论鼓琴，咏诗，下棋，投壶，共鸣的效果都特别好。这样岂不像住在竹筒里面，任何细脆的声响，怕都会加倍夸大，反而令人耳朵过敏吧。（余光中《听听那冷雨》）

急雨遇上竹楼如瀑布，声音轰隆，气势磅礴。密雪遇上竹楼如碎玉，声音清脆，频率密集。两个比喻使读者如闻其声，想去竹楼里住上一住，体验一把呢。

（雨声）雨来了，最轻的敲打乐敲打这城市，苍茫的屋顶，远远近近,一张张敲过去,古老的琴,那细细密密的节奏,单调里自有一种柔婉与亲切,滴滴点点滴滴,似幻似真,若孩时在摇篮里,一曲耳熟的童谣摇摇欲睡,母亲吟哦鼻音与喉音。或是在江南的泽国水乡,一大筐绿油油的桑叶被啮于千百头蚕,细细琐琐屑屑,口器与口器咀咀嚼嚼。(余光中《听听那冷雨》)

三个比喻句,将江南细雨的柔美写尽了。第一个比喻句,将屋顶比作琴,写出雨滴的声音由远及近,雨滴节奏细密、柔婉亲切。短句更是灵巧,如同雨滴密密的节奏。第二个比喻句更是贴切,写尽细雨的柔和,催人入睡的安宁。第三个比喻句新奇,既表现了细雨声音的细密柔和,同时蚕食桑叶也是独属江南泽国水乡的美好记忆,喻体所勾勒的场景自带江南诗意,是一种融合的诗意。

(箫声)渐渐低音中偶有珠玉跳跃,清脆短促,此伏彼起,繁音渐增,先如鸣泉飞溅,继而如群卉争艳,花团锦簇,更夹着间关鸟语,彼鸣我和,渐渐的百鸟离去,春残花落,但闻雨声萧萧,一片凄凉肃杀之象,细雨绵绵,若有若无,终于万籁俱寂。箫声停顿良久,众人这才如梦初醒。(金庸《笑傲江湖》)

金庸先生的高明在于写出了声音的变化:珠玉跳跃—鸣泉飞溅—群卉争艳,间关鸟语—春残花落,雨声萧萧—万籁俱寂。从开始到高潮到结束,就像春天的开始和结束。描写上既有听觉上的联想,又有视觉上的助力,加之最后的侧面烘托,虽未听过"笑傲江湖之曲",却也能感受曲调之精妙了。

4. 运用通感

（说话声）她的声音灰暗而轻飘，像断断续续的尘灰吊子。（张爱玲《倾城之恋》）

通感，听觉转化为视觉，写出了白流苏声音小且低沉。生活无望，连声音都是陈旧的。

（说书声）王小玉便启朱唇，发皓齿，唱了几句书儿。声音初不甚大，只觉入耳有说不出来的妙境：五脏六腑里，像熨斗熨过，无一处不伏贴；三万六千个毛孔，像吃了人参果，无一个毛孔不畅快。唱了十数句之后，渐渐的越唱越高，忽然拔了一个尖儿，像一线钢丝抛入天际，不禁暗暗叫绝。那知他于那极高的地方，尚能回环转折。几啭之后，又高一层，接连有三四叠，节节高起。恍如由傲来峰西面攀登泰山的景象：初看傲来峰削壁千仞，以为上与天通；及至翻到傲来峰顶，才见扇子崖更在傲来峰上；及至翻到扇子崖，又见南天门更在扇子崖上。愈翻愈险，愈险愈奇。

那王小玉唱到极高的三四叠后，陡然一落，又极力骋其千回百折的精神，如一条飞蛇在黄山三十六峰半中腰里盘旋穿插。顷刻之间，周匝数遍。从此以后，愈唱愈低，愈低愈细，那声音渐渐的就听不见了。（刘鹗《老残游记》）

"启朱唇，发皓齿"，这是视觉上对王小玉的描写；"五脏六腑里，像熨斗熨过，无一处不伏贴；三万六千个毛孔，像吃了人参果，无一个毛孔不畅快"，听书本是耳朵的享受，这里却说是五脏六腑的服帖，是毛孔的畅快，由耳及心，可见说书妙境。而后直接写声音的高和回环往复，起初"像一线钢丝抛入天际"，后来声音"恍如由傲来峰西面攀登泰山的景象"，通感手法，变无形的声音为有形的画面，以清晰的视觉画面写难以描述的声音变化，以登泰山时的险、奇、不断升高来表现声音的尖细、高亢、挺拔、有力。"如一条飞蛇在黄山三十六峰半中腰里盘旋穿插"，以飞蛇的盘旋穿插表现声音的回环转折、婉转悠扬。

　　（歌声）她圆润的歌喉在夜空中颤动，听起来似乎辽远而又逼近，柔和而又铿锵。歌词像珠子似的从她的一笑一颦中，从她的优雅的"水袖"中，从她的婀娜的身段中，一粒一粒地滚下来，滴在地上，溅到空中，落进每一个人的心里，引起一片深远的回音。这回音听不见，但是它却淹没了刚才涌起的那一股狂暴的掌声。观众像着了魔一样，忽然变得鸦雀无声。（叶君健《看戏》）

　　"滚""滴""溅""落"，本是用来修饰看得见的事物，但在这里用来修饰歌词，不能不说是创新。作者将无形的歌声比作有形的珠子，写出了梅兰芳字正腔圆的特点。同时，文段虽重在写声音的圆润，却一笔带过，也恰到好处地表现了梅兰芳的表情、衣饰和身段，让读者"看见"场景。

【刻意练习】

练习1：分析下面两句话的妙处。

（1）女子们朗朗的笑声，像水上的波纹，在工地的上空荡漾开去。（魏钢焰《绿叶赞》）

_____

_____

（2）闪闪烁烁的声音从远方飘来，一团团白丁香朦朦胧胧。（江河《星星变奏曲》）

_____

_____

练习2：听一段古筝曲（如《十面埋伏》《渔舟唱晚》《平沙落雁》），运用多种方法（拟声词+比喻+通感），描写你听到的声音。

_____

_____

_____

练习3：闭眼10分钟，记录你听到的声音及感受。

_____

_____

_____

_____

第十二讲　嗅觉篇：让鼻子在空气中多停留一会儿

莫言《小说的气味》里说道："拿破仑曾经说过，哪怕蒙上他的眼睛，凭借着嗅觉，他也可以回到他的故乡科西嘉岛。因为科西嘉岛上有一种植物，风里有这种植物的独特的气味。"

每个地方、每个事物都有它独特的味道，咖啡馆的香气、森林的气息、医院消毒水的气味、大海的气味，各不相同。在作文里，想让读者有身临其境之感，嗅觉描写也是非常重要的。

如何描写自己的嗅觉体验呢？

在描写之前，须练就"狗鼻子"本领，学会辨别和积累各种事物的味道。

阅读名家作品片段，学习嗅觉描写的技法，学会记录自己的嗅觉体验。

1. 直接描述嗅觉内容和体验

每种气味都有它的主人，直接列举名词可让读者有对应画面及感受。运用恰当的形容词形容嗅觉给人的感受，会让描写更具体，如辛辣、腥臭、淡香、甜熟，等等。

还有青葱的气味，蒜的气味，姜的辛烈的气味，我停了一会儿，空气中停留着九层塔的气味，芫荽的气味，萝卜的气味，以及藕根的气味，很淡、很悠长的藕香，对自己的存在非常自在从容的气味。(蒋勋《南方的海》)

这是菜市场里复杂的气味，作者对各种菜的气味了如指掌，如数家珍。其中有一个句子需要特别注意，"我停了一会儿"，停留辨别，是运用嗅觉的第一课。作者形容藕根"对自己的存在非常自在从容的气味"，将作者对藕根的感受变成藕根自己的感受，这是很妙的一种写法。

雨气空蒙而迷幻，细细嗅嗅，清清爽爽新新，有一点点薄荷的香味，浓的时候，竟发出草和树沐发后特有的淡淡土腥气，也许那竟是蚯蚓和蜗牛的腥气吧，毕竟是惊蛰了啊。(余光中《听听那冷雨》)

雨后空气中有各种各样的味道，有浓有淡，非细致辨别不可得也。

一阵风掠过，华夫人嗅到菊花的冷香中夹着一股刺鼻的花草腐烂后的腥臭。(白先勇《秋思》)

菊花在秋风中开放，香也是冷香，却又不只冷香，繁花下还有腐烂的花苞，香气里必然夹杂着腥臭。这句妙在作者对气味体察入微。

2. 运用通感

等到槐花一开，夏天到了。国槐乃北方性格，有一种恣意妄为的狞厉之美。相比之下，那淡黄色的槐花开得平凡琐碎，一阵

风过,如雨飘落。槐花的香味儿很淡,但悠远如箫声。(北岛《北京的味儿》)

最后一句很有趣,槐花香味如悠远的箫声,若有若无,时隐时现,却又带着箫声的隐士风范。将嗅觉与听觉联结起来,感觉更丰富。

微风过处,传来缕缕清香,仿佛远处高楼上渺茫的歌声似的。(朱自清《荷塘月色》)

这句话是很妙的。"远处高楼上",声音为何又高又远?如果是低处,声音传不过来;如果是近处,声音又太清晰。哈,只得是远处的高楼传来的声音才是缥缥缈缈、若隐若现的,这正好对应了荷花香气时有时无的特点。以声音属性来写气味,特点要对应,喻体要考究,精妙之处就在这里了。

以上名家作品均是用写实笔法,根据作者的生活经验,赋予他描写的物体以气味,或者说是用气味来表现他要描写的物体。

另一种写法是更为高阶的写法,是作家莫言在《小说的气味》里提到的:"借助于作家的想象力,给没有气味的物体以气味,给有气味的物体以别的气味。寒冷是没有气味的,因为寒冷根本就不是物体。但福克纳大胆地给了寒冷气味。死亡也不是物体,死亡也没有气味,但马尔克斯让他的人物能够嗅到死亡的气味。"

当然,我们在练基本功时,先练好写实笔法,当你已达到创作的高度时,可以尝试莫言的建议。

【刻意练习】

练习1：赏析下面句子的妙处。

这里除了光彩，还有淡淡的芳香，香气似乎也是浅紫色的，梦幻一般轻轻地笼罩着我。（宗璞《紫藤萝瀑布》）

_____
_____
_____
_____

练习2：去附近的菜市场逛一逛，多停留一会儿，记录你辨别出来的气味，运用直接法和通感法将自己的嗅觉体验描写下来。

_____
_____
_____
_____

练习3：描写你熟悉的公园春天到来时的气味。

_____
_____
_____
_____

第十三讲　触觉篇：触摸春天

触觉是人通过皮肤、手足等接触客体而产生的感觉，它以冷暖、干湿、软硬、疼痒等感觉为基础。触觉描写是我们写作时容易忽略的内容。触觉经验，必须刻意练习，集中注意力，抓住自己触碰的感受才可获得。我们可以试着分别感受，手触碰一条鱼、一朵花、树干的感受有何不同，脚触碰沙子、水流、木地板的感觉又有何不同。积累这些细微的感受，记录下来，为自己的写作添砖加瓦。

如何描写触觉体验呢？下面是名家作品里的触觉描写，我们一起来取经。

1. 直接写触觉体验

风里带来些新翻的泥土的气息，混着青草味儿，还有各种花的香，都在微微润湿的空气里酝酿。（朱自清《春》）

哪一个词是作者的触觉体验呢？"微微润湿"。如果去掉这个词语会有什么不同吗？当然。如果去掉，那就无法展现初春时空气里水汽弥散、万物复苏的那种蠢蠢欲动的情景了。

2. 运用比喻

我能感到树叶完美的对称性；会满心喜悦地用手抚过桦树那光滑的树皮或者松树的粗糙外表。春天的时候，我满怀期待地抚摸着树干的枝条，希望能搜寻到寒冬之后，大自然苏醒时迸发的一棵嫩芽。我也会喜悦地轻抚那天鹅绒般质地的花朵，感受那奇妙的卷曲，感受大自然展现在我眼前的神奇景象。偶尔，如果幸运的话，把手轻轻地放在一棵小树上的时候，我还能感受到小鸟引吭高歌时愉快的颤抖。我特别喜欢把手放进小溪里，让清凉的流水穿过张开的手指，心情愉快得不得了。对我而言，厚厚的松针和像海绵一样软的草堆比华贵的波斯地毯更让人喜欢，而四季的更替像一部激动人心、永不落幕的戏剧，演员的动作通过我的指间缓缓流出。（海伦·凯勒《假如给我三天光明》）

读这段文字，感叹春天真美好！或许是习惯了用眼睛寻找春天，海伦·凯勒用手触摸春天，却给了我们与众不同的更深刻的启示。在描写时，她直接描写触觉体验，"光滑""粗糙""嫩芽""卷曲""颤抖""清凉""软"，这些词语把每种事物的感受都写得明明白白。同时，"轻抚那天鹅绒般质地的花朵"，"像海绵一样软的草堆"，运用比喻手法，将触觉表达得更加具体形象。

3. 运用通感

薇龙一夜也不曾合眼，才合眼便恍惚在那里试衣服，试了一件又一件；毛织品，毛茸茸的像富于挑拨性的爵士乐；厚沉沉的丝绒，像忧郁的古典化的歌剧主题曲；柔滑的软缎，像《蓝色的多瑙河》，凉阴阴地匝着人，流遍了全身。（张爱玲《沉香屑：第一炉香》）

张爱玲将不同质地的衣服比作不同类型的音乐，令触觉与听觉贯通，写出了薇龙恍惚间试衣服时细腻的感受。通感，是几种感官之间的串联，是更高级形式的联想。而这当然离不开张爱玲的艺术修养，对衣服品类的精细把握，对音乐的细腻感受。张爱玲说："九岁时，我踌躇着不知道应当选择音乐或美术作为我的终身事业。"

综上，优秀的触觉体验，最重要的是觉，由触而觉，触及皮肤，进而使人联想，勾连记忆中的世界。

【刻意练习】

到就近的公园里，进行一次触觉体验。空气、植物、小动物都会给你不同的触觉体验，任选几样事物，灵活运用写作方法（直接描写+比喻+通感），将触觉体验描写下来。

_____

_____

_____

_____

_____

第十四讲　她的脸红得像苹果，好吗

一个学生向我诉苦："我在描述'怎么样'时词穷了。一朵花的形状，说是矩形，或是轴对称图形，感觉太生硬，不太恰当。但不写吧，总感觉事物特点没到位。怎么办呢？"这时我们会借助一种常见的修辞手法——比喻。梁汉声先生曾说："比喻在形容之上。"形容往往琐碎繁复，不如一个精巧的比喻句来得一目了然。

什么是比喻呢？

著名文学理论家乔纳森·卡勒说："比喻是认知的一种基本方式，通过把一种事物看成另一种事物而认识了它。也就是说，找到甲事物和乙事物的共同点，发现甲事物暗含在乙事物身上不为人所熟知的特征，而对甲事物有一个不同于往常的重新的认识。"

简单来说，比喻其实就是一种联想，从甲联想到乙，联想的出发点在于甲与乙有相似点。

比喻句在作文中随处可见，"她的脸红得像苹果""柳枝飘拂若女子的秀发""月亮像圆盘"都是很常见的比喻。但是，这样的比喻大家用得太多了，不能展现你的语言创造力。第一个把美女比作鲜花的人是天才，第二个重复的人是庸才，第三个重复的人是蠢材。这其实告诉我们，能写好比喻句的人一定是创造力极强的人,不满足于落入俗套的语言表达,这一点非常重要。

再比如,"残阳如血",明明是一个温馨的故事,这词一出,不仅没有助力,还对故事产生了巨大的破坏力。因此,我们要杜绝模式化的固定表达。

写好一个比喻句,首先要认识什么样的比喻句是精彩的、新鲜的。

本体和喻体之间有相似点,才构成我们的联想。好的比喻句,本体和喻体之间需要两个及两个以上的相似点,才能够保证本体的特点被更加精确地传达出来。

鲁迅先生是比喻高手,如他在《藤野先生》中的描写:

上野的樱花烂熳的时节,望去确也像绯红的轻云,但花下也缺不了成群结队的"清国留学生"的速成班,头顶上盘着大辫子,顶得学生制帽的顶上高高耸起,形成一座富士山。

本体:烂漫的樱花。

喻体:绯红的轻云。

相似点:绯红,是形容樱花的颜色。轻云,是形容樱花开得茂盛,团团簇簇堆叠的形状。为什么是"轻云"呢?可以说玫瑰花、栀子花是轻云一朵吗?不行,玫瑰花、栀子花花瓣偏肥厚,并不轻盈,而樱花就有轻盈的特点。鲁迅先生把"上野的樱花"比作"绯红的轻云",既写出了樱花绯红的颜色、樱花团团朵朵堆叠茂盛的形状,还写出了樱花轻盈的质地。共三个相似点,上野的樱花如在眼前。

淡黑的起伏的连山,仿佛是踊跃的铁的兽脊似的,都远远地向船尾跑去了,但我却还以为船慢。(鲁迅《社戏》)

本体：晚上的山。

喻体：踊跃的铁的兽脊。

相似点：既写出了山如铁一样的颜色，又写出了山连绵起伏的形状，更写出了船行时山仿佛在向后奔跑的动态。寥寥几笔，三个相似点，把眼前的群山写活了。

一个好的比喻往往是神来之笔，是作者灵感激活的产物，似乎可遇而不可求，但灵感也是创意神经多次被训练的结果。作为初学者，我们如何写出一个精彩的比喻句呢？

夏日傍晚，我和我先生去公园散步，公园里蝉声凶猛，我开始出题："你听这个蝉声，说一个比喻句。"我们同时在心中搜索着与这声音相似的场景。

"蝉的声音就像英国工业革命时期昼夜不停工作的蒸汽机。"他说。

"很像哦，我觉得像高压锅喷气时的声音，很急。"我说。

"还像铁锁子摩擦铁轨的声音，一环扣一环，不停地摩擦。"

"我们换一种玩法，用视觉来表现蝉声，怎么样？"我提出。

"那我得想想会看到什么场景。"虽然傍晚的天空只看得到高大的、深黑的树影。

"蝉声凶猛，仿佛一千条响尾蛇在不停地抖动尾巴。"我说。

"哇！又有形象又有声音，不错！"

这是一次关于比喻句的对话。通过对话我们发现，精彩的比喻句并非等待灵感激活，而是无数次有效训练的结果。

在上面的情景中，我有意训练了两种联想方式。

第一种：比喻。

当明确写作对象是蝉声后，最开始做什么呢？蝉声是聒噪的、急切的，我们在感受事物的特点，同时在心中搜索与之相似的场景。比喻是一种联想，每个人的联想一定是基于本人的生活经验和阅读经验，好的比喻句必来自丰富的生活。

第二种：通感。

通感是一种更高级的联想。当提出用视觉表现听觉时，有一句很重要的话得关注："我得想想会看到什么场景。"这是在转换感官，将听觉转换为视觉，因此我想到知了高度震动的腹部发声器，进而联想到响尾蛇摇动尾巴时的情景，一条响尾蛇不足以发出如此巨大的响声，必须是一千条响尾蛇同时摇动尾巴。互换感官来思考，会有一些新的创意。

还有什么技法能使你的比喻句更出彩呢？

1. 寻找新鲜喻体，让画面更抓人

鲁迅《药》里这样描写枯草："微风早经停息了；枯草支支直立，有如铜丝。"在这之前，还没有人用"铜丝"来形容瘦硬的秋草，新鲜、精准。钱钟书《围城》里写："忠厚老实人的恶毒，像饭里的砂砾或者出骨鱼片里未净的刺，会给人一种不期待的伤痛。"平凡的生活场景，联想让它不平凡。

我们来感受一下张爱玲的脑洞：

A. 薇龙向东走，越走，那月亮越白，越晶亮，仿佛是一头肥胸脯的白凤凰，栖在路的转弯处，在树桠枝里做了窠。（张爱玲《沉香屑：第一炉香》）

B. 那时天色已经暗了，月亮才上来，黄黄的，像玉色缎子上，刺绣时弹落了一点香灰，烧糊了一小片。（张爱玲《沉香屑：第一炉香》）

C. 他的笑声像一串鞭炮上面炸得稀碎的小红布条子，跳在空中蹦回到他脸上，抽打他的面颊。（张爱玲《沉香屑：第二炉香》）

2. 寻找相谐喻体，让画面更具本味

比喻，以此物比彼物，目的在于更精准地展现事物特点。在喻体的选择上，不仅要新鲜，更要相谐。喻体并不是孤立的存在，需要和全文自然构成融合的意趣。余光中《听听那冷雨》中这样形容雨声："或是在江南的泽国水乡，一大筐绿油油的桑叶被啃于千百头蚕，细细琐琐屑屑，口器与口器咀咀嚼嚼。"表现了雨声细密柔和，而蚕食桑叶也是独属江南泽国水乡的美好记忆，喻体所勾勒的场景自带江南诗意，是一种与全文融合的意趣。刘成章在《安塞腰鼓》中这样形容后生形象："一群茂腾腾的后生。他们的身后是一片高粱地。他们朴实得就像那片高粱。"写出了后生的朴实无华，同时喻体"高粱"本就是陕北的本地作物，带着浓厚的地域风味。

喻体不仅需要与地域相谐，还需要与身份相谐。如李森祥《台阶》中的描写：

我就陪父亲在门槛上休息一会儿，他那颗很倔的头颅埋在膝盖里半晌都没动，那极短的发，似刚收割过的庄稼茬，高低不

齐，灰白而失去了生机。

作者将父亲的头发比作"刚收割过的庄稼茬"，既表现出父亲头发高低不齐、失去生机的特点，又与父亲的农民身份相衬。

构建相谐场景，寻找相谐喻体并不难，每篇文章都有特定的自然环境，每个人物都有特定的身份，从这些角度思考，便不难找到合适的喻体。

当然，也有本体与喻体不相谐的例子，如张爱玲《琉璃瓦》中的描写：

姚先生端起宜兴紫泥茶壶来，就着壶嘴呷了两口茶。回想到那篇文章，不由得点头播脑地背诵起来。他站起身来，一只手抱着温暖的茶壶，一只手按在口面，悠悠地抚摸着，像农人抱着鸡似的。

文雅的姚先生抱着茶壶就像"农人抱着鸡"，本体和喻体动作情态相似，但所代表的形象反差巨大，反而具有一丝诙谐的意味。

当然，初学者先找与本文意境相谐的喻体更好，熟练之后，可学习张爱玲的高级写法。

3. 避免一"像"到底

我们习惯说"什么像什么"，这是初学者的常用句式。熟练以后，可以用更多词语代替，如"仿佛""如"，也可以直接变"像"为"是""成为"，将明喻变成暗喻，让表达更直接。

她不是笼子里的鸟。笼子里的鸟，开了笼，还会飞出来。她是绣在屏风上的鸟——恓郁的紫色缎子屏风上，织金云朵里的一

只白鸟。年深月久了,羽毛暗了,霉了,给虫蛀了,死也还死在屏风上。(张爱玲《茉莉香片》)

张爱玲不说"她像绣在屏风上的鸟",而说"是",少了一层隔膜,更加直接。

综上,灵感是弱者的借口,是强者不断练习的结果。丰富自己的生活体验,不断训练自己的联想神经,你的神经网络会越来越强大。

【刻意练习】

练习1:根据下面的图景写两个比喻句,表现景物特点。

(1) _____

_____

(2) _____

_____

练习2：根据下面的图景写两个比喻句，表现景物特点。

(1) _____

_____

(2) _____

_____

第十五讲　融情于景——与栀子花置换内心

"栀子花开了,纯白的花瓣,中间簇拥着淡黄色的花蕊。花瓣厚厚软软的,像娃娃的手。风起,一阵浓郁的香味袭来,啊,真香!"

这段写景文字,初看,名词具体,视觉、嗅觉、触觉都有,颜色词语恰当,还运用了比喻句。但仍算不得上乘作品,因其"有口无心"。作者用上了所有感官,但独独缺了"情"。

一样事物进入一个人的心里,再出来,它就绝对不是原来的样子。一处景,进入人的心里,再出来,也就不再是寻常的景了,它往往带有人的情感印记。因此,王国维说:"有我之境,以我观物,故物皆著我之色彩。"同样的景物,怎么写得和别人不同?那就需要在文字里带有比较强的主观性,才能写出这处景物的特点。

写景的最高境界,便是融情于景。如何做到融情于景呢?

首先对比下面两个文段,判断哪一个文段让你更清晰地感受到作者的情感,具体是哪些词句让你感受到作者的情感的。

A. 曲曲折折的荷塘上面,弥望的是田田的叶子。叶子出水很高。层层的叶子中间,零星地点缀着些白花,有开着的,有打着朵儿的。

B. 曲曲折折的荷塘上面,弥望的是田田的叶子。叶子出水很高,像亭亭的舞女的裙。层层的叶子中间,零星地点缀着些白花,有袅娜地开着的,有羞涩地打着朵儿的;正如一粒粒的明珠,又如碧天里的星星,又如刚出浴的美人。(朱自清《荷塘月色》)

对比发现,第一个文段描写客观,第二个文段更能感受到作者的情感——他喜爱这片荷塘。哪些词句让我们感受到作者的情绪呢?

"袅娜""羞涩"——带有明显主观色彩的形容词。

"像亭亭的舞女的裙""正如一粒粒的明珠,又如碧天里的星星,又如刚出浴的美人"——带有明显主观色彩的比喻句。

对比下面两个句子,判断哪一个动词使用得更加精准。

A. 月光如流水一般,静静地照在这一片叶子和花上。

B. 月光如流水一般,静静地泻在这一片叶子和花上。

对比发现,"照"直接明确,但缺乏想象的空间。"泻"不仅照应"流水",还让人感受到朦胧、轻柔的美感,更感受到作者正享受这荷塘月色的情感。

综上,当某一景物在自己的心里激起波澜,描写时如何倾注情感呢?首先,斟酌用词,使用带有主观情感的形容词和动词,让词语含情。其次,运用比喻手法,让景物灵动活泼。

除此之外,还有一个绝招——拟人。写好拟人句的关键在于观察时与景物置换内心,交换身份,从而做到设身处地感受花草。描写时,关注对象,斟酌语言。

首先,置换内心须关注对象的特点。

桃树、杏树、梨树,你不让我,我不让你,都开满了花赶趟

儿。(朱自清《春》)

你开完了我开,我开完了它开,无缝对接,繁盛不已,这是春花的特点。作者抓住对象特点,用人的争先恐后来表现春花,恰到好处。

其次,置换内心须抓住自身的感受。

栀子花粗粗大大,又香得掸都掸不开,于是为文雅人不取,以为品格不高。栀子花说:"去你妈的,我就是要这样香,香得痛痛快快,你们他妈的管得着吗!"(汪曾祺《夏天》)

每次读到这段,我都会笑起来。栀子花香味太浓,为文雅人不取。这是栀子花的特点。为此,汪曾祺替栀子花深感不平,借栀子花之口直接说出。这样的拟人句率真新鲜!新鲜的前提在于作者抓住了自身感受。

综上,描写景物时,抓住内心的细微变化,倾注真情,运用技法,笔下的景物便会有情有趣。

【刻意练习】

根据以下情景,发挥想象力写一段话,包含一个拟人句,做到融情于景。

(1) 四周很安静的时候,蟋蟀开始叫起来。

_____
_____
_____
_____

（2）寂静的山谷里，桃花开了。

第十六讲　借景抒情——让景物说话

作文中抒情的方式有很多种，比如直接说"我很孤独""我很纠结"，但孤独和纠结的感觉很难让读者感同身受。用读者熟悉的场景来表现情感是一种很聪明的方式，这就是"借景抒情"。借景抒情与融情于景不同：融情于景，景物是主角，人是配角；借景抒情，人是主角，景物是配角。

仔细阅读下列名家作品片段，判断作者想要表达的情感，并说出理由，以及你是从哪些词句里感受到作者的情感的。

A. 时候既然是深冬；渐近故乡时，天气又阴晦了，冷风吹进船舱中，呜呜的响，从篷隙向外一望，苍黄的天底下，远近横着几个萧索的荒村，没有一些活气。（鲁迅《故乡》）

情感：_____

理由：_____

B. 微风早经停息了；枯草支支直立，有如铜丝。一丝发抖的声音，在空气中愈颤愈细，细到没有，周围便都是死一般静。两人站在枯草丛里，仰面看那乌鸦；那乌鸦也在笔直的树枝间，缩着头，铁铸一般站着。（鲁迅《药》）

情感：_____

理由：_____

这些片段中，作者无一字直接点明情绪，我们却能以最快速度感受到人物的情绪，这是因为作者将自己的情感融入景物当中，让景物说话。

我们在写作时如何做到借景抒情呢？

（1）定情。在具体的事件情境中，你的情绪是开心，还是惆怅失落，确定你想要表达的情绪。

（2）定物。第二个示例中，鲁迅选择了"枯草""乌鸦"等压抑、毫无生气的事物来表现压抑、孤寂、绝望的心情。当然，你也可以选用美好的景物表现悲伤失落的情感，情景反差同样能够表现情感。现在，你眼前可能有很多景物，选择2～3处小景来写即可。

（3）选色。深蓝、金黄、凝碧、苍黄，在这些颜色中，哪些适宜表现愉悦的情感，哪些又偏向于表现悲凉的情感？我们可以发现，颜色也是有情绪的，选择合适的颜色词可以帮助我们更好地表达情绪。

（4）运用恰当的比喻、拟人手法，表达自己的情感。上一讲已详述，在此不赘述。

【刻意练习】

练习1：用"月亮、树影、池塘、蛙声"写一段话，描绘一幅画面。从以下四种感受中选择一种进行描写：畅快、悠闲、烦闷、悲伤。

练习2：请你为下列事件添加景物描写。自行选择景物，使作者的情绪表达更清晰，同时符合当时的情境。

夏日午后，妈妈要我去参加钢琴考级。"为什么?"我大声反抗。妈妈凶巴巴地瞪了我一眼："没有为什么，你看看其他小朋友都有考级，考了级才能证明你的水平，而不是在瞎练。"打那天起，我开始每天练习重复的曲调。机械的弹奏，除了得到老师的训斥和妈妈的无奈叹息外，什么都没有。（林凡盛《当钢琴遇上考级证书》）

_____

_____

_____

练习3：请你为下列事件添加景物描写。自行选择景物，使作者的情绪表达更清晰。

秋日暖暖地照在钢琴上，妹妹掀开琴盖，熟悉的音乐又那样清晰地流淌出来。我坐下，从厚厚一沓考级的证书与琴谱下抽出一本干净的流行曲歌谱。看着谱，手轻触琴键。熟悉动听的旋律再次响起，心猛地随琴声震动，黑键和白键，仿佛懂得我心里的每一个褶皱。（林凡盛《当钢琴遇上考级证书》）

_____

_____

_____

_____

景物综合写作课

进行完系统的景物描写训练，接下来是以景物描写为主要技法的专题写作训练，分为四个写作专题：写景抒情类、托物言志类、游记类和创意游记类。每个专题分四个环节展开：唤醒——写作素材、决定——文章结构、分享与修改——查漏补缺、佳作欣赏——展示。你准备好了吗？

专题 1 写景抒情：熟悉的地方也有风景

写作任务：描绘自己熟悉的一处风景，表达自己的情感。字数 600 字以上。

1. 唤醒

话题：不论是城市还是乡村，生活久了，我们会对一个地方、一片风景熟悉起来，熟悉一座山、一个小院或者一个公园。有心的人，熟悉的地方也有风景。你有没有认真地看过自己熟悉的风景呢？

提出作文话题后，学生须抓住脑海中浮现的画面，用铅笔画一幅简单的素描，要求：明确地点，重点标记你印象深刻的一处风景。这个环节能帮助学生迅速回到自己的生命现场,聚焦素材。

随后以小组为单位分享各自的素描图,每人2分钟。

分享话题:

(1)点明具体的地名及位置,如:"这是我家乡九江的一座山,它的名字叫贞山。"

(2)你印象深刻的风景是哪里?为什么印象深刻?如:"我印象最深刻的地方是我家的后院,小时候我常常在那里捉昆虫、玩游戏。"

互相描述之后,同学就"他的表述中有没有让你很好奇或疑惑的部分"进行提问。"好奇的部分"说明你的想法很独特,很有可能成为文章的"高光之处";"疑惑的部分"说明自己的描述不够准确或详细,需要在正式写作时进行加工。这个环节是一种直接的交流,通过对话,孩子们明白读者的存在,也能从对方的反应中明白哪些是生动的、吸引人的,哪些是人不爱听的。这时根据读者的建议进行"亮点"提升:对方感兴趣的地方多写,不爱听的部分少写甚至不写,由此确定文章的素材及主题方向。

如果单单只是对风景进行描写,未免太过浅薄,因此我设置了几个问题让学生思考。

问题1:风景也不只是花草建筑,它因人而鲜活,它和你有什么故事?它和其他人还有什么联结、什么故事?你对此有什么感受?(横向联想)

问题2:风景不只是自然美景,它也是时间里的风景,它有

什么历史掌故？它反映了这个时代的哪些变化？（纵向联想）

问题的设置能够让学生从单纯的写景慢慢过渡到更深入的思考中去，进而确定自己的主题。

2. 决定

在确定了素材之后，学生需要思考的是选择何种方式进行叙述，也就是确定叙述顺序，保证结构清晰。

记叙顺序可采用顺叙手法，将读者直接带入情境中，也可以选择倒叙手法，回溯过往。

写景顺序可以选择定点观察或移步换景，或两者兼用。

初步完成作文之后，提醒学生就文章中需要深入了解的部分查找资料，进一步完善作文。

3. 分享与修改

学生在班级展示自己创作的写景美文，师生就三个主问题进行讨论并修改。

问题1：作者描写的景物的特点是什么？作者用了哪些方法让我们"看见"景物？还有什么需要改进的地方？

问题2：作者是一个好导游吗？观察点是否清晰明了？有没有混淆不清的地方？

问题3：作者想要表现的情感是什么？是否合乎逻辑？与前文的描写是否一致？

4. 佳作欣赏

高分作文首先要看主题,再看结构和语言,因此本书点评分为三个类别:我是霸道主题咖、我是严谨结构君、我是炫酷句子迷。精细点评,放大优点,同时指出不足,让学生对写作有持续而明确的追求。

我的"百草园"
欧阳纬丰(初一)

清晨,当第一缕微风拂过小院,青金色的阳光穿过绿荫覆盖的老墙,投下斑驳的碎影,一切都苏醒过来:无论是栏上花卉、池中小鱼,还是墙上藤蔓,都在这号召下舒展腰身,抖擞精神。一切都显得那么祥和自然。这,便是我魂牵梦绕的地方——老屋的院子。

推开院前大门,似乎走进了一个别样的天地。在阳光的抚摸下,各种事物都展现了其独特的风格和色彩。门旁,映入眼帘的是一堵灰墙:老朽、布满尘埃,却因两根相互交缠的长藤增添几抹丽色,乌紫的长蛇由墙头绵延而下,曲曲折折地霸占大半墙面;在这荫护下,铃虫、蟋蟀放开歌喉,不知哪处的蝉也跟着应和,小小的我竟听得呆住了。

临近老墙的还有一池碧水和几尾嬉戏摆尾的锦鲤。好养鱼的外公特地在这设置了小池塘,好动活泼的鱼儿为小院增添了几分生气。在两三掌荷叶的簇拥下,清凉的池水中,慵懒的锦鲤在此歇息，睁着圆滚的大眼，摆着一副疲倦的懒散神态躲在阴凉处。可一旦有何扰动，便换了副样子，甩动长尾，向四周惊散，溅起阵阵水花。真个如柳宗元所说的"俶尔远逝，往来翕忽，似与游者相乐"。徘徊于其旁的还有臃肿却灵活的金鱼，玲珑剔透的彩鳞在光照下闪出五彩的光。

远处，一层栏杆护住小院。一根根碧青的石竹撑起顶上的砖石，上面还摆放着一株株姿态各异的植物。有贵气的玫瑰、家常的月季，大都身披锦衣，鲜艳的色彩引人遐想，可这利刺倒钩之类，不怎么讨喜。最自然可亲的是那吊兰、百合、茉莉……微微淡淡的颜色散发着朴素淡雅的气息，幽幽的芳香，沁人心脾，而那还挂着晨露的花瓣，更使你感受到别于艳丽的清高。

到了正午，由于那墙角绿榕的笼罩，你不但不会感觉到毒辣阳光的炙热，反倒会感到清爽。呼几口清新空气，在树荫下看几页书，看着日头渐渐西落。到了日落山头的时候，彩霞飘然，院中一切更显平静。淡淡的黄晕下，几点灯光亮起，安静祥和的夜晚拉开了序幕：各种蛙鸣、鸟叫、虫声混合在一起，仿佛是一场华丽的交响曲。这时看不了书，便又搬着小板凳，赏庭中月色，听爷爷讲故事。何其乐哉！

时过境迁，如今很难再回到小时候的"百草园"，回到儿时无忧无虑的生活了。啊，多么美好的回忆，多么难忘的美景！再见，故乡的院落！再见，我记忆中的花园！只希望能够早日与你相逢，回到那个永远的乐园中去。

点评时间：

［我是霸道主题咖］

作者在最后一段点明主题：难忘故乡院子的美景，难忘那一段无忧无虑的时光。主题表达鲜明、集中。

［我是严谨结构君］

开头段总起，"无论是栏上花卉、池中小鱼，还是墙上藤蔓，都在这号召下舒展腰身，抖擞精神。一切都显得那么祥和自然。这，便是我魂牵梦绕的地方——老屋的院子"，几句话把后文的内容串起来，同时点明自己的情感，奠定感情基调。利索的开头！

结尾段直接抒情，点明主题，照应标题，直截了当！

主体部分，作者采用移步换景的方法，详细描写清晨之景：灰墙、水中小鱼、栏上花卉，略写正午、落日、夜晚之景，描写顺序清晰，又有时间的内在联系。逻辑力棒棒的！

［我是炫酷句子迷］

（1）名词具体精准。

铃虫、蟋蟀、锦鲤、吊兰、百合、茉莉、月季、玫瑰，每一个具体的名词都指向清晰的画面。

（2）颜色词准确清晰，画面感强。

青金色的阳光、乌紫的长藤、碧青的石竹、一池碧水，每种事物如在眼前。

（3）五感写作法运用恰当。

"微微淡淡的颜色散发着朴素淡雅的气息，幽幽的芳香，沁人心脾，而那还挂着晨露的花瓣，更使你感受到别于艳丽的清高。"视觉与嗅觉的描写,融合了作者的情感,读来口齿含香。

"淡淡的黄晕下,几点灯光亮起,安静祥和的夜晚拉开了序幕:各种蛙鸣、鸟叫、虫声混合在一起,仿佛是一场华丽的交响曲。这时看不了书,便又搬着小板凳,赏庭中月色,听爷爷讲故事。何其乐哉!"视觉、听觉的描写,还原了一个美好的月夜。

(4)动静结合,活泼有趣。

"在两三掌荷叶的簇拥下,清凉的池水中,慵懒的锦鲤在此歇息,睁着圆滚的大眼,摆着一副疲倦的懒散神态躲在阴凉处。可一旦有何扰动,便换了副样子,甩动长尾,向四周惊散,溅起阵阵水花。真个如柳宗元所说的'俶尔远逝,往来翕忽,似与游者相乐'。"

(5)比喻、拟人精彩。

"映入眼帘的是一堵灰墙:老朽、布满尘埃,却因两根相互交缠的长藤增添几抹丽色,乌紫的长蛇由墙头绵延而下,曲曲折折地霸占大半墙面。"

这个句子非常精彩,"乌紫的长蛇",作者隐掉了本体"长藤",显得简洁又动感十足,"霸占"运用拟人手法,把一墙的长藤写活了。

家乡的贞山
吴倚雯(初一)

那儿重峦叠嶂、树木丛生,一眼望去翠色欲滴。绿在山间流淌,绿也在人们心间流淌。

驻足山脚,抬头仰望,山被柔软的阳光镀成了一幅水墨画。

在阳光的折射下,山脚是墨绿的,如同一位严肃又睿智的老者。风来了,一层又一层,一波又一波的绿浪微微荡漾,又似老者宽大的额头上蕴含智慧的皱纹。

顺着山势望上去,山腰是油绿色,不深沉,有活力,又带有成人的稳健。树叶子油亮的叶面上点缀着金灿灿的阳光。不多,每片叶子就一星儿,但风一来,成千上万的光点都翻滚起来,如那冬日暖阳下的粼粼波光。山下每一位旅人的脸庞上都闪耀着喜悦的光斑。他们无论老少,无论男女,都凝神于那一大片的光华中。油亮的叶子,金黄的阳光,那么的温暖,一不小心,闪了眼神,也闪进了心田。

山尖则是另一番光景。它们像稚嫩的娃娃,从上而下都是活力四射的。阳光把最深的爱、最多的眷顾给了它们。日光完全渗透了它们的筋络,细细地流淌于树枝叶脉间。树枝是娇嫩的,千万条欣欣然舒展着。树皮是光滑的,不带一点儿风霜沧桑。

贞山,真是一幅绝美的水墨画卷!

日光为笔,一落成景;群山为画,铺就一番天地。笔尖于山尖融汇,山尖似宝塔耸立,钟声悦耳,回响于天地之间。当你从那令人痴迷的水墨画中回过神来,不禁想要好好走一走这迷人的贞山。

抬脚上山,顺着那古朴结实的石板阶上去。阶缝中长着几株蕨类小草。它们小心翼翼、柔软乖巧的模样让你不忍心踏上去。石阶蜿蜒盘旋,不见尽头,却阻挡不了人们那颗虔诚的心。是的,石阶通向一座宝塔。

每逢中国的传统节日,家乡的人们总会一家老小纷纷上山,朝着那直冲入天的天音塔,朝着心中的愿景,朝着美好的未来而去。他们脸上总带着平和的笑,一路上静谧而温馨。

本来我不理解那些以为上炷香就能一生顺遂平安的人。直到我身处那气氛中——一路上没有人大声喧哗,只有悦耳的鸟声与潺潺的流水声,你会生怕叨扰了神佛,叨扰了这宁静。当我站在最后一排阶梯,我的内心被震撼了,眼前那座高耸入云的天音塔将我震撼了——它像是通往青天、通往心灵深处。

天音塔有七层,层层递进。层与层之间的楼梯画着民间传说与神话故事。壁画的色彩已经模糊,而那种神韵却是不可磨灭的。它画着故事,画着家乡的文明历史。我再看看四周的人,他们都虔诚地在每一层上香,并围着一层走六个圈。我突然间明白了,人们来上香是为了在这宁静的山间塔内表达自己美好的愿望,为了寻得内心的安然,为了达到心灵与自然的交融。不知不觉踱步到了第七层顶楼。檐下的风铃叮当作响。极目远眺,有一种远离尘世之感。

正观得入神,一阵钟声悠然响起。它是绵长迂回的,千回百转,荡气回肠,悠悠然回荡于山谷间。缠绵于耳,萦绕于心,那份安然便也生于心尖。

我爱故乡的贞山,那座人们心头牵挂的贞山,那座我亲爱的母亲山。

点评时间:

[我是霸道主题咖]

作者描写贞山的美景、天音塔的历史,赞美了故乡的母亲山。作者从自然景色和人文景色两个角度入手,写出了母亲山与家乡人之间的亲密关系。主题恢宏大气,展现出作者不俗的眼界。

[我是严谨结构君]

整体结构为"分—总",文章最后一段直接抒情,点明主题。

主体部分,作者先点明贞山的特点"绿"。第二段开始采用定点观察的方式,"驻足山脚,抬头仰望",从"山脚"到"山腰"再到"山尖",写出了阳光照耀下山的不同景色。接着采用移步换景的方法,重点表现了自己在天音塔上感受到的宁静氛围。顺序清晰,由自然景色过渡到人文景色,层次分明。

不足:"驻足山脚"仰望的视角,是无法观察到"树皮是光滑的,不带一点儿风霜沧桑"的,定点观察的部分还有待改善。如果不是真实所见,可以运用联想的方式,把自己的感受表达出来,但不能变无为有。

[我是炫酷句子迷]

(1)比喻精彩。

"树叶子油亮的叶面上点缀着金灿灿的阳光。不多,每片叶子就一星儿,但风一来,成千上万的光点都翻滚起来,如那冬日暖阳下的粼粼波光。"

"粼粼波光"已经足以说明千万光点闪烁的样子了,作者加入"冬日暖阳"的修饰,给人以温暖的感觉。

"日光为笔,一落成景;群山为画,铺就一番天地。"

作者不写"像",而写"日光为笔",暗喻使场景更加直接。

同时，两个比喻句融合成为一整个图景，画面感很强，还带有动感。

（2）细节描写新鲜。

"阶缝中长着几株蕨类小草。它们小心翼翼、柔软乖巧的模样让你不忍心踏上去。"这个细节描写得太好了，作者观察细致！

（3）动态描写精彩。

"不多，每片叶子就一星儿，但风一来，成千上万的光点都翻滚起来，如那冬日暖阳下的粼粼波光。"

山中有风，还有阳光，动词"翻滚"用得很恰当，将山中景色写活了。

"阳光把最深的爱、最多的眷顾给了它们。日光完全渗透了它们的筋络，细细地流淌于树枝叶脉间。"

阳光照耀着山尖上的绿叶，这样平常的景，在作者笔下充满了动感，先是渗透，再是流淌，不禁感叹作者笔力的强大。

家乡的千灯湖

夏浩轩（初一）

在南海这种高楼林立、车水马龙的地方，能有一处公园，已经是件幸事。若是这公园能与那些大路隔绝，那就真是美极了的事。千灯湖便是这样一个公园，这也是我喜欢它的原因。

来到灯湖大道，你不必张望，便能看到两块绿草坪横卧在你的两边。左边的草坪大而静，左右有林荫小道相衬，如果你想要静下心来品味生活，那么这个草坪可真是个好去处！你只需要在里面走上两圈，或是在林荫小道内听听蛙语虫鸣，看看红花绿草，不用说，你已经享受到城市中久违的宁静与安乐了。

如果你想趁那一点难得的时光出来玩玩，右边的草坪便是你的目的地了。右边的草坪并没有左边的大，却热闹非凡。草坪上，有摆摊叫卖的，有追逐打闹的，还有放风筝的手中拿线，时而收，时而放。他们无不是欢声笑语，无不是眉开眼笑。

若你蹲下身来，拨开那些绿草，你会发现草丛中也是热闹非凡。刚醒的甲虫舒展着慵懒的身子，背着圆滚滚的壳，爬到青翠的草茎上，贪婪地吸食着清凉的露珠。再看，是何物在蹦跳，原来是只早起的青蛙，它定是被那些追逐的小孩儿吵醒了吧！瞧它那一脸气鼓鼓的样子！

我从草里走出来，不知不觉沾了一脚的露水，脚下凉凉的，腿上也是痒酥酥的，但这多舒服呀！在炎炎夏日中，恐怕没有比这更舒服的了！

千灯湖，顾名思义，便是以千灯为主、碧湖相称的一个风景了。千灯环绕于湖畔，大小不一，但都以湖为中心，向四周扩散开去，又形似五行八卦，莫不是以桃花岛为原型建造的吧？尽管园内线路没有桃花岛那般千变万化，但并不缺灵气。若把灯比作夜空中一颗颗明星，那这湖便是浩瀚的天空了吧！

湖中有一铁板桥，四面为绿水环绕，站立于此，正好可以尽收千灯湖的景色。到了晚上，灯全开了，灯光倒映在湖水之上，星星点点，飘忽不定，只见湖中有灯，灯中有湖，看久了却不知是人间还是仙境了。

回到岸上，依旧是一片热闹景象。五光十色的灯展，把千灯湖照得如白昼一般，真美！我沿着林荫小道往里走，走到深处，全然不知身在何处，四下张望，只见单单一片花海，花在灯的映衬下显得更加艳丽。

我渐渐走远，风中仍夹带着花香。啊，千灯湖，无愧此名。

点评时间：

[我是霸道主题咖]

作者赞美家乡的千灯湖公园，既有自然的清新，又有都市的繁华趣味。主题鲜明且集中。

[我是严谨结构君]

"总—分—总"结构，景物描写采用移步换景的方法。

[我是炫酷句子迷]

（1）第二人称显亲切。

"你不必张望，便能看到两块绿草坪横卧在你的两边。""如果你想趁那一点难得的时光出来玩玩，右边的草坪便是你的目的地了。"没有任何隔膜的表达，非常亲切。

（2）情感表达直接活泼。

"我从草里走出来，不知不觉沾了一脚的露水，脚下凉凉的，腿上也是痒酥酥的，但这多舒服呀！"

"五光十色的灯展，把千灯湖照得如白昼一般，真美！"

直接把心情说出来，加上感叹号助力，不仅表现了作者的情感，一个豪爽活泼的阳光作者形象也出来了。

（3）细节把握精细。

"刚醒的甲虫舒展着慵懒的身子，背着圆滚滚的壳，爬到青翠的草茎上，贪婪地吸食着清凉的露珠。再看，是何物在蹦跳，原来是只早起的青蛙,它定是被那些追逐的小孩儿吵醒了吧!瞧它那一脸气鼓鼓的样子!"这个细节描写得非常好,写出了小动物的性格。

城市的声音
叶为之(初一)

我们生活在城市当中,很多人会抱怨城市的嘈杂,汽车的轰鸣,建筑工地的机器运作,公园里大妈们喧闹的广场舞。我却觉得,城市的声音是极美好的。

早晨,马路上,大小车辆川流不息。"叮铃铃",一辆共享单车走远了,只留下清脆悦耳的车铃声。汽车飞驰而过,车轮与柏油路面轻轻摩擦,竟似山间小溪般哗啦啦地响。公交车像老农家敬业的老黄牛,"哼哧哼哧",平稳而有序。

这些声音告诉我:城市已经睡饱了,充满活力的一天又开始啦!

小区一旁的建筑工地,也有特别的音乐。下午,下雨了,如倾盆瓢泼,灰黑的雨幕笼罩着小城。"叮叮叮",空地上放着的金属水管,是乐队里的木琴,跳动着鲜亮的音符。"咚、咚、咚",大鼓自然是布制的遮雨篷,沉闷而厚重,带着些许回响。再加上几声若有若无的敲敲打打,阵阵连绵不绝的滚滚雷声。这应该算得上是这城里最好的打击乐队了吧。

这些声音告诉我:不要抱怨,不要抱怨这声音,它是这座城市拔节的声音,它还在成长。

公园里的音乐更丰富啦!不必说那狗吠、虫鸣、蛙叫、鸟语，单是一阵风过，就有无穷惊喜。树林里，大大小小的树都随风摇晃起来。阔叶榕大而厚实的叶片，叶与叶在空中轻触，男低音般厚重。"哗哗"，佛肚竹发出的声音则像远山寺庙里传来的唱经声，缥缈高远。

这是城市呼吸的声音，一呼一吸都无比美好。

我们生活在城市的吵闹与喧杂中，忽略与冷漠已成为我们忙碌生活的常态。我们总是马不停蹄地追寻诗和远方，马不停蹄地从城市里逃跑，总认为远方才有我们所要的。

殊不知，只有将心安顿下来，宁静地、仔细地倾听，认真体会与世界相处的每一个瞬间，才会有不一样的发现。这时会有一种东西，从你的心底毛茸茸地生长起来。

点评时间：

[我是霸道主题咖]

作者赞美城市的声音，并感悟：宁静地、仔细地倾听，认真体会与世界相处的每一个瞬间，才会有不一样的发现。这篇文章素材与主题都让人耳目一新，毕竟在多数人印象里，建筑工地的声音多半是噪声，但在作者看来，却是"这座城市拔节的声音"。从平常的景中看到了时代的变化，角度独特，感悟深刻！

[我是严谨结构君]

开头段开门见山，点出情感：我却觉得，城市的声音是极美好的。主体部分描写了车辆的声音、建筑工地的声音、公园里的声音，采用并列式逻辑结构。结尾段总结感悟。逻辑清晰，结构严谨。

[我是炫酷句子迷]

（1）比喻句新鲜。

首先，作者的比喻句很精彩，情感色彩非常鲜明。因为喜爱，所以觉得车轮与柏油路摩擦的声音，竟似山间小溪般哗啦啦地响。建筑工地的一切都成了雨的乐器。不得不说，这充满了美感。其次，作者构建情景的能力很强。第一个比喻句中，"山间小溪""老黄牛"两个喻体都带有浓浓的乡土味道，第二个比喻句更是一个融合的整体，画面感很强。

（2）听觉表达丰富。

"叮铃铃""咚、咚、咚""哗哗"，拟声词表达恰当。

"沉闷而厚重""缥缈高远"，形容声音的词语丰富且准确。

"阔叶榕大而厚实的叶片，叶与叶在空中轻触，男低音般厚重。'哗哗'，佛肚竹发出的声音则像远山寺庙里传来的唱经声，缥缈高远。"比喻句使抽象的声音更加生动形象。

专题 2　托物言志：大自然，小哲思

写作任务：古语说，情动而辞发。淡雅的菊花，寄托了诗人隐逸的情怀；亭亭的莲花，表达了君子出淤泥而不染的情趣；简朴的陋室，抒发了文人安贫乐道的志趣。在我们熟悉的校园里，有没有一种事物引发你的思考和感悟呢？请以此感悟为基础，写一篇托物言志的作文，题目自拟，字数 600 字以上。

1. 唤醒

话题：有时，我们会从自然中获得一些启迪和领悟，植物的生长、开花、结果、死亡都充满了生命的哲理。你观察到哪些自然场景？它们又给你怎样的启示？选择自己印象最深的一点进行分享。

以小组为单位进行分享，学生就"他的表述中有没有让你觉得很棒的部分"进行分析讨论。这个环节让学生的思想进行碰撞，生发出更多有趣的素材，并由组长进行汇报：最让人印象深刻的自然启示和发现。这个环节能够让学生对自己的想法进行第一轮筛选和提升，明确观察自然的方法，明确怎样的思考方向能够让想法更加成熟完整。

如果单单只是对自然场景的好奇与了解，这倒成为生物、地理课了，最重要的是唤醒学生的感受和思考。

示例：

看下面的图片，以蜡梅为第一人称写一句座右铭。

文段示例引导：

蜡梅：黑色的树枝上，开着黄色的花朵，花瓣薄得接近透明。如果与玫瑰、牡丹那些妖艳的花相比，一点都不出色。但是，它的香味能穿越一座山，远远地就能闻到。它的香味清冷、凛冽，像一个冷艳的美人。起先，我只觉得香而已。后来，朋友问我，你知道蜡梅的花香为什么传那么远吗？他说：蜡梅开在冬天，没有招蜂引蝶的条件，只有通过奇异的香味才能引得一些昆虫传播花粉。我感慨：每一种生命都在竭尽全力地活着。就如台湾作家蒋勋说："生命是一种扩大和延长。而花本身就是一种扩大和延长，但这个过程它要用很大的努力去完成。"

总结：自然的生长、开花、结果和凋零，与人的成长发展何其相似。我们看自然，其实也是在看自己。不拘泥于模式化的表达，去观察，去发现，去思考，就能更好地理解自然，也能更好地理解自我，这就是思考自然的魅力。这个环节的设置能够让学生从单纯的"自然现象的描写"慢慢过渡到更深入的思考中去，并且学会用有哲理的语言表达自己的思考，进而确定主题。

2. 决定

确定素材之后，学生须确定叙述顺序，保证结构清晰。

写景方式可以选定点观察或移步换景，或者两者兼用。

文章涉及叙事，可以采用倒叙手法，也可以采用顺叙手法。

初步完成作文之后，提醒学生就文章中需要再多了解的部分查找资料，进一步完善作文。

3. 分享与修改

学生在班级上展示自己创作的托物言志美文，师生就三个问题进行讨论，老师指导修改。

问题1：作者想要表达的"思考"是什么？

问题2：作者描写的事物的特点是什么？与感悟是否逻辑一致？

问题3：景物描写是否细致到让我们"看见"场景？

4. 佳作欣赏

木棉花的沉思

欧立言（初一）

那是一个春日下午，因考场上的佳绩，我无法掩藏心中的喜悦，拉上朋友，漫步在校园中。偶然抬头，一棵木棉闯进我的眼帘。

我们便驻足观赏，树上那朵朵殷红是那般耀眼，点缀着大簇的翠绿。在我看来，木棉花已成为校园里一道最为独特的风光。花朵虽稀疏，但它们火红而美丽，用颜色与姿态拨动着我的心弦，让我心中再添欣喜。微风轻拂，花瓣微舞，如同烂漫的脸颊，在绿叶丛中微笑。

身旁好友望着地上凋落的红花，沉吟道："木棉花虽美丽，可花期太短！"我一怔，看着散落的木棉花，似懂非懂。

好景不长，随后我在考场上频频失利，但并没有真心悔改，只沉浸在昔日辉煌之中。我带着满心愁绪，在校道上散心。

无意中再次走到了木棉树下，然而，那一簇簇殷红却如被恶魔吞噬了一般，全然消失不见，只留一团团雪白悬挂于树枝上，似是棉絮，空气中夹杂着木棉花腐烂后的腥臭。看到木棉树如此，我的内心不免伤感，真如好友所言：花期真短！此刻，我内心的愁绪又增添几分。

树上，一团团棉絮在半空中吊着，颤颤巍巍，惨白的脸色，使得这儿的空气都寂静几分。我无心欣赏，只呆望着。寒风呼啸而过，它们弱不禁风地颤抖。终于一团棉絮无法禁受，随即惊恐地掉落，飘啊飘，落在我的掌心，软绵绵，轻轻柔柔。我用手一掰，里面赫然是粒种子，木棉的种子！

又是一阵风，树上的棉絮再次掉落，而此刻，它却乘着这阵风，带着一份坚毅，一份勇气，飘啊飘，飘出校园，飘向远方，它一定会找到理想的居所扎根，茁壮成长。原来木棉花开，不是为了一时的辉煌美丽，而是不断沉淀更多的能量。遇到风起时，便乘风飞翔。

它们能不断沉淀、努力，而我呢？

那时起，我开始审视自己，抛弃过往的辉煌和失败，朝着未来不断努力奋斗。成功时，志得意满时，我总会想起木棉，想起它的沉淀和努力，我会走得更加坚定。

点评时间：

[我是霸道主题咖]

作者从木棉花中得到启示：人为了梦想，也需要不断沉淀、不断努力，这样才能到达彼岸。主题鲜明且集中。作者能从自然中找到自省的力量，很厉害！

[我是严谨结构君]

以两次看木棉花的经历串起全文，时间顺序表达清晰。

第一次看花，花正好，"我"的学习正得意时，朋友说："花期太短！"

第二次看花，花已落，"我"在学习上遇到瓶颈，伤心于"花期太短"，感叹自己的佳绩亦然。"我"意外发现木棉花种子，白色棉絮相托，是为了飘得更远，由此领悟不是木棉花"花期太短"，而是为了更远的梦想沉淀。

[我是炫酷句子迷]

融情于景。

"微风轻拂，花瓣微舞，如同烂漫的脸颊，在绿叶丛中微笑。"这是喜悦心情的投射。兴高采烈时世界是热闹的，是在微笑的。"树上，一团团棉絮在半空中吊着，颤颤巍巍，惨白的脸色，使得这儿的空气都寂静几分。"这是失落心情的投射。失落时空气都是寂静的。作者擅长融情于景，心情的起落都体现在景物之中了。

紫荆花语

廖佳慧（初一）

古诗里，有"杨花落尽子规啼"的悲凉，有"落红不是无情物"的奉献，但是花确实如此吗？我不知道。

冬日，我走在校园的小道上，看着鸡蛋花树光秃秃的，没有绿叶，更没有鲜嫩的花朵，我不禁感到有点落寞。是啊，的确是如此，寒风与艳花似敌人，你不见我，我不见你。

不经意发现，脚边出现了一片淡紫红色的花朵，应该是被风吹来的吧。奇怪的是，那花瓣却鲜艳异常，我不由得停下脚步，捡起花瓣细细端详，红色由浅到深，向花蕊延伸，好像那红色沉淀下来，积蓄成一条紫色的河流，汇聚在花瓣底部，而那高高翘起的花蕊啊，便像是飞溅起来的水花。啊，真美！

沿路望去，呀，是紫荆花！

遥望枝头，花虽不多，但开得热烈，红色的花瓣微垂下来，像斜斜飞翔的蜻蜓，偶然停留在绿色的叶子上，在灰蒙蒙的天空的映衬下，说不出的生机勃勃。真是娇美俏丽的一笔啊！

又是一阵冷风，我拢了拢身上的棉衣，同时生怕紫荆花弱小的身体难以抵挡这强烈的冷风。但正当我看向她们时，却发现一切担心都是多余的，那紫色的花瓣在空中曼舞，像寻找枝头栖落的蝴蝶，飘得有诗意，落得坦然。而枝头的那一束，伸展着她那柔软的手臂，从左到右，从右到左，挥手告别。

枝头的花开得热烈，而落下的也并未显得苍白，万物皆有灵性，只是你尚未发现，而这就是紫荆花通过一场风告诉我的事。

点评时间：

[我是霸道主题咖]

作者记叙了冬日看紫荆花的经历，并感悟：枝头的花开得热烈，而落下的也并未显得苍白，万物皆有灵性。主题鲜明而集中。小小年纪，有感悟美的细腻心思，也有较大的生命视野。

[我是严谨结构君]

景物描写的方法为定点观察。

[我是炫酷句子迷]

（1）比喻句精彩。

"红色由浅到深，向花蕊延伸，好像那红色沉淀下来，积蓄成一条紫色的河流，汇聚在花瓣底部，而那高高翘起的花蕊啊，便像是飞溅起来的水花。"

渐变颜色的描写是难的，作者借助比喻句，不仅写出了颜色的变化，而且变静态为动态，使整个画面活泼起来，展现了很老到的笔法。

（2）拟人句藏情于景。

"那紫色的花瓣在空中曼舞，像寻找枝头栖落的蝴蝶，飘得有诗意，落得坦然。而枝头的那一束，伸展着她那柔软的手臂，从左到右，从右到左，挥手告别。"

首句将紫色花朵比作蝴蝶，写出了花的颜色和动态，不新鲜，但恰当。第二句拟人，写出紫荆花的有情，展现了丰富而合理的想象力！

专题 3　游记：心和身体都在路上

写作任务：写一篇游记作文，分享旅途中的美景和感受，题目自拟，字数 600 字以上。

1. 唤醒

暑假里，我们班的学生又一次扩大了自己的活动半径，杭州、上海、北京，或出国游玩。看着朋友圈里的美景和学生绽开的笑脸，我想，为何不让学生写游记作文来记录自己的所见所闻呢？

上课前我通过家长收集了学生的旅行照片，当我在班上展示时，学生都被美景吸引了，这是轻松的开始。展示环节结束后，我本想让学生分享的话题是：旅行中印象深刻的景物或事件。但我在实践时，发现自己被"深刻"二字难住了，我自动过滤了很多细节，最后剩下的也不知算不算得上"深刻"。在"唤醒"的过程中，最好不要设置障碍，让学生一开始就开启自动过滤模式。因此，我把话题改为：随便写一段文字分享你的旅行。有了"随便"二字，学生放开写起来。从他们的神情中，我没有看到困惑或是压力，这是很好的开始。

提问环节，学生分享自己的创作，同学就"他的表述中有没有让你觉得很有趣或很疑惑的部分"进行提问。老师就学生们的点评总结归纳文章的亮点，鼓励学生就自己的亮点进行更详尽的描写。这个环节让学生明白读者的存在，是保证立意清晰且吸引人非常关键的步骤，也是让学生从"随便"走上"精细化"写作的关键步骤。

继续深挖。旅行是从一个熟悉的地方去到一个陌生的地方，陌生的是当地的风景、风土人情、社会文化、历史发展、政治经济。如果旅行记录只是对风景的描写及抒情，未免太过浅薄。因此，我设置了几个问题让学生回答，回答的过程也是强迫他们思考的过程。

（1）你的旅行范围，旅行的同行者。

（2）对你个人而言，这次旅行有多少经历算得上非比寻常？非比寻常的理由是什么？

（3）当地的风土人情、社会文化是你熟悉的，还是从未见过的？

（4）当地的历史、政治、经济模式，你有哪些新的了解？

（5）你刚刚写下的文字中涉及以上哪个方面？有哪些知识是你需要深入了解的？

这些问题的设置能够让学生从单纯的"情景还原"慢慢过渡到更深入的"背景"中去，让自己的思考更加深入。

2. 决定

在确定了自己要写的内容之后，学生确定叙述顺序，保证结构清晰。

记叙顺序可采用顺叙手法，将读者直接带入情境中，也可以选择倒叙手法，回溯过往。

写景顺序可以选择定点观察或移步换景，或两者兼用，也能以景物特点为主线索，以最能表达自己对景物感受的一词或一字统领全文。例如《索溪峪的"野"》，以"野"字贯穿全文，将全文分为四个方面：山是野的；水是野的；山上的野物更是"野"性十足；在这样的山水间行走，我们也渐渐变得"野"起来。

初步完成作文之后，提醒学生就文章中需要深入了解的部分查找资料并采访同行者，丰富感受，进一步完善作文。

3. 分享与修改

学生习作有以下明显不足，现给出策略，并组织作文修改小组分析讨论，引导学生对他人给出的评论进行反思和修订，完善作文后进入展示环节。

不足1：入题慢，上飞机、抵达机场、入住酒店等不必要的细节描写太多，导致后文核心段落无法展开。

策略：无关细节全删掉，直接到达现场。

不足2：描写平淡，读者无法感受到作者的情感。如《勃朗峰游记》中的片段："与父母一同坐上缆车，当缆车行驶至半山腰处时，只见一团蓝色一点一点地展露在我们面前。我不禁起身观望，只见眼前有两个呈'M'形的小山丘。山丘后面，一个巨大的冰湖映入眼帘。湖未结冰，水是碧蓝的，微风吹动着湖面，泛起层层涟漪，如一块蓝宝石般闪闪发亮。"

分析：作者写了冰湖的颜色，微风吹过的动态，运用比喻句突出了湖的"蓝"。读完之后，却并未感受到勃朗峰的美景，也没有感受到作者的情绪。

策略1：多写周围环境。

读完整段只知"冰湖"是蓝色的，画面很单调，因为周围除了"M"形的山丘，其他都是空的，没有颜色，所以增加对周围环境的描写，才能更加衬托出冰湖的秀美。如梁衡《壶口瀑布》中"山是青冷的灰，天是寂寂的蓝，宇宙间仿佛只有这水的存在"。不仅写了壶口瀑布的壮美，更写山，写天，因为这壮美是在周围景色中衬托出来的。

沙山像一群席地而坐的骆驼，不见头尾地环绕在泉旁，如饥似渴地对着一湾秀水。抬头上望，山脊似乎被太阳烤得冒了烟，空气在那里发晕而扭曲……

山自是狰狞，一潭水却自是悠闲。平静、沉稳，简直不像是水，倒像是禅师入定。（肖铁《月牙泉》）

文章标题是"月牙泉"，但文章开端便用大量笔墨描绘了沙山的炽热和干燥，进而烘托出月牙泉的神奇秀丽，让读者有一个很清晰的画面感，并对自然生出一种敬畏感。

策略2：运用拟人手法，让画面更灵动。

作者对湖的描写并不算糟糕，但语气太过生硬，无法传达好奇和欣喜的情绪，拟人手法能够迅速拉近人与景的距离。

当河水正这般畅畅快快地驰骋着时，突然脚下出现一条四十多米宽的深沟，它们还来不及想一下，便一齐跌了进去，更闹，更挤，更急。（梁衡《壶口瀑布》）

生动地描写河水本不容易，但作者一句"它们还来不及想一下，便一齐跌了进去"一下子就使河水活泼起来，水也有了思想，是很萌又很猛的水。这就是拟人的魅力。

方法总结：发挥想象力，把自己想象成冰湖，你会有什么样的感受？一点一点写出来，你笔下的冰湖就会活过来。

策略3：多用比较。

当事物的特点给人很陌生的感受时，可以借助比较法，几组比较能够把事物特点描写得清清楚楚。

在中国看水，看中国的水，只能是黄河。九寨沟的水总显得太清秀，俏得有些西方的味道；太湖的水又嫌太小，文人味太重，不像是水，倒像是个供人把玩的装饰物。中国的水应该是黄色的，是和我们中国人的皮肤一样黄色的。（肖铁《壶口的黄河》）

作者用九寨沟的秀气和太湖的文气衬托出黄河的雄伟。

要知道这不是在南方，武夷山下，九寨沟旁，小溪、潭水，皆理所当然的绿而清澈见底；沙山也不同于南国的丘陵、北国的雪岭，哪怕是悬崖峭壁也会有一丝缝隙让歪脖的树，遒劲的草生长。这里的一切只是沙，松软得像肥皂泡，便也松软得将一切生机抹噬掉了。而恰恰在这里的群山之间，有一潭很清很清的水，并不大，却从沙中生，然而并未为沙而亡。（肖铁《月牙泉》）

作者用南国与北国的润泽及悬崖的生机来衬托出月牙泉在沙山中存在的特别。

方法总结：当你无法将事物的特点很好地传达给读者时，比较法是一个很好的选择。

策略4：说出自己的感受。

看风景时，我们的内心会有一些声音，不要放过这些小小的声音，它就是你的内心感受，将它写出来，能够使读者更好地理解你的情绪。不只如此，你的身体也会有一些明显的感受。将这些细节写出来，能够让读者有身临其境之感。

站在月牙泉边，我惊呆了。一切都哑口无言，像一个贯天的惊叹号立于天地间，那一点正落在泉水里面，荡漾起无边的涟漪。（肖铁《月牙泉》）

作者将自己的心理感受表达出来，直接明白，吸引读者一直读下去。

山谷形似壶嘴，水若浊酒，倾泻而下，一饮难尽的气势充溢胸口，心跳得能蹦出来。耳朵渐渐聋了，只能看见对方开口，却听不见声音；眼也花了，弥望皆是黄色的旋转像是从河里蒸腾地上升，又像是奋不顾身地下降。脑子里一片空白，什么也不敢想，只看着山被水层层劈开，天也被这股黄流斩断。（肖铁《壶口的黄河》）

将自己强烈的身体感受写出来，能够让读者身临其境地感受到壶口瀑布的气势。

方法总结：在描写景物时，加入人物的身体感受和内心情绪，能够让读者更有沉浸感。

不足3：只叙述旅游过程，无思考和感悟。

策略1：美景中生哲思。

真的该五体投地了，连小鱼、弱草皆昂昂有不息之力，冥冥有在天之灵。书上说，君子者，生生不息。它们该是君子，而且更高于君子。它们不会在温柔的襁褓里苟且偷生,它们不怕重重包围的荒凉,不在干旱中屈服投降,而宁愿以死殉其自强的追求。问世间哪一个人能够做到这些呢?(肖铁《月牙泉》)

作者赞叹月牙泉里生存下来的水草、游鱼,由眼前之景想到君子之魂。

策略2:美景中悟文化。

这里的文化具体指地域文化。观美景,会见识到不同国家、不同民族的风俗文化。从好奇到理解的过程,也是我们的写作素材。

我仰头看见五六米高的敖包,彩蝶飘飘,不知这彩蝶般的绸巾,寄托了人们心中多少的祝福和愿望?该叠加上多少对虔诚的脚印,多少颗米粒大小的石子,才能堆积成如今眼前的五六米高的敖包?我再一次被震撼。(郑超《内蒙古高原游记》)

作者描绘了自己对内蒙古草原"祭敖包"的仪式从不认可到后来的震撼的心路历程,这样的旅行,称得上文化旅行。

策略3:美景中感人情。

旅行,也是看人的过程。当地人的生活状态与精神品质,值得我们了解和思考。

我有些疑惑,随即便看见一个深紫色的帐篷和四个大学生样的外国人正支棱着桌椅,他们定也是经不住大自然此番美邀,打算在这童话里住一会儿吧。

他们有一个不太起眼的举动吸引了我。篝火用铁桶围着,避免引发山火。地面则干干净净,他们早把垃圾收拾到几个带有分类标签的布袋里去了。我有些羡慕,不仅仅是因为这惬意地享受

自然的方式,更是因为他们深入骨髓的习惯。(邹颖霖《一号公路游记》)

加拿大大学生的环保意识和安全意识,让作者羡慕,也值得我们深思。

策略4:美景中叹历史。

文化散文家余秋雨游杭州,看到了杭州刺史白居易、杭州通判苏东坡的风度,看到了吴越王钱镠和民间传奇白娘子的风采。游黄州,看到了苏东坡的苦与乐。每一处风景,映照着现在,也记录着历史。以现实风景为线索,去拥抱柳宗元的小石潭、范仲淹的岳阳楼,去了解历史的疮疤和快活。这也是很棒的素材方向。

4. 佳作欣赏

一号公路游记
邹颖霖(初二)

10月的加拿大,在秋冬之际徘徊。从温哥华到班芙小镇的一号公路,全长856公里。公路两旁十分明艳,一片金黄山坡中忽地冒出一簇枫红,或是点缀着几点深棕,在那迎风坡或一处深涧,还残留着一抹夏日的青绿,恍若一盘颜料从天倾泻而下。山腰氤氲着一朵浓稠的雾,天空还飘洒着絮雪,更显眼前的一切饱满明艳。

我在微凉的座椅上,试图把这亮晃晃的美景统统装进脑子里,却无奈没有找到跟它媲美的词句来修饰,只好欢愉地哼着小调,看山如祥龙般向后游走。

葱葱密林挡住了我的部分视线,只隐约在一处较平坦的小潭边,见地上有一处鲜亮的橙红色在跳跃,恍若蛇吐信子,在静止的山岗中十分显眼。我有些疑惑,随即便看见一个深紫色的帐篷和四个大学生样的外国人正支棱着桌椅,他们定也是经不住大自然此番美邀,打算在这童话里住一会儿吧。

他们有一个不太起眼的举动吸引了我。篝火用铁桶围着,避免引发山火。地面则干干净净,他们早把垃圾收拾到几个带有分类标签的布袋里去了。我有些羡慕,不仅仅是因为这惬意地享受自然的方式,更是因为他们深入骨髓的习惯。

汽车继续前行,笔直的公路望不见尽头,青灰色的路因阳光焕发出淡金色的冷光,纯白箭头十分显眼。路两旁被几米高的铁栏杆框住了。我正有点倦了,这条公路却给了我新的惊喜。

当路中间出现一片柔软的暖黄时,我着实为之一振,在这汽车呼啸的路中居然有如此鲜活的一片天地。我诧异于这路中的森林,靠近后才发现这是一座桥梁。一米宽的巨石堆砌起来,其纹路凹凸有致,桥两边也被铁栏杆围起,可仍能隐约瞧见桥面的精致。

我按捺不住好奇心,被这冒失闯入的"桃花源"逗得雀跃不已,我微微从座位上站起,只见其内部假山池沼、果林落花,一应俱全。窗外小夜曲般的香气悠扬,一棵张扬的树结满了耳坠般的圣诞果,胜似小型樱桃。假山缝间潺潺清泉上冒出朵朵白花,翻飞后消失在静谧的小池中。人无法涉足,为何有如此仙境?

我百思不得其解，之后几乎每隔几公里都会出现这般的桥，每次我都伸长脖子，试图找到其间的奥秘。

其中一座桥间，一株小红枫在不住地颤动。我噌地直接从座位上腾起，只见一只与我同高的棕熊，憨厚地歪着头，哑巴着嘴，用手扒拉着枫叶。当一部车从桥底掠过时，它的耳朵便向前轻抖。刹那间我读懂了这横跨两岸的桥，不是为了人，而是为动物去往被公路隔开的彼岸觅食和提供水源而备的。

落基山系，世界最长，其间搭建了多少这般可爱的桥，修了多少铁栏杆，防止多少无辜生命的逝去，又有多少礼貌的露营者对大自然保持着和谐互爱的敬意。我突然对这条冗长的公路多了几分爱意和敬意。

对大自然的敬，不是把一块湿地圈起来"保护"，卖票赚钱，也不是把濒危动物关在笼子里"保护"，供人欣赏，而是在开发经济时，不破坏自然的秩序，把人的存在感在这浩瀚宇宙中降至最低，在便利人的同时，留给自然一份本真。人也是这万千物种中的渺小一员，有何权力去破坏天地之美？

温哥华到班芙小镇的盘山公路，全长856公里，大约有200座桥，诠释了人与自然的和谐相处。从这也可知加拿大人对自然的敬已深入骨髓。把自己放在森林之下，以最虔诚的方式与它相处，它也定会还你一份天宠，也许是那投眼而来的碧色，那附耳而至的清风，抑或是那漫山胜过春花的秋叶。

我翘首以望，盼着，盼着，心如轻云，嘴角含笑，盼着下一座动物桥给我带来不一般的欢喜。

点评时间：

[我是霸道主题咖]

本文记叙了在加拿大偶遇的两个场景：大学生野外露营不忘进行垃圾分类；政府修建动物桥保证动物安全，方便它们到彼岸觅食及获取水源。作者观察细致，视野开阔。保护环境人人皆知，作者的主题表达有力而深刻。

[我是严谨结构君]

顺叙。全文先记叙后议论。

[我是炫酷句子迷]

（1）主题句有力量。

"在开发经济时，不破坏自然的秩序，把人的存在感在这浩瀚宇宙中降至最低，在便利人的同时，留给自然一份本真。人也是这万千物种中的渺小一员，有何权力去破坏天地之美？"

反问句更增添力道。

（2）量词精彩。

首段中"一簇枫红""几点深棕""一抹夏日的青绿""一朵浓稠的雾"，既点明颜色，又点明大小及形状，将这秋冬之际的公路风景描绘得清晰又美好。

（3）一事一议，清晰明了。

"篝火用铁桶围着，避免引发山火。地面则干干净净，他们早把垃圾收拾到几个带有分类标签的布袋里去了。我有些羡慕，不仅仅是因为这惬意地享受自然的方式，更是因为他们深入骨髓的习惯。"场景描写清晰，接着马上写作者的思考感悟，这是非常值得学习的表达方式。

纽伦堡小记

龙宇翔（初二）

一

当我们抵达下榻的青年旅舍时，西斜的太阳正温柔地亲吻着群山，空气中弥漫着一股令人安心的味道，阳光照在身上，有一种刚刚好的暖意。

原先以为旅馆不过就是一个毫无特点的巨大的长方体，谁知眼前却是一栋完完全全的 17 世纪风格的古堡。深灰的屋瓦，棕得有些发黑的外墙，直指云端的同样是棕色的尖顶，在晴朗天空中显得格外突兀。

最令人难忘的是那些镶在外墙中的窗户，它们安静地待在那儿，像是城堡忧郁的眼睛，无言地望着脚下的城市，目光仿佛穿透了几个世纪，看到了很久以前的过去，看炮火硝烟，看人来人往。

尽管这座古堡的内部如今已经被改造成现代化的青年旅社，但它的外表却一点也没变，依然透着 17 世纪的安详与宁静，这实在令我惊喜。

我们原本只是将纽伦堡当作一个不重要的中转站，哪知纽伦堡在第一时间便给我们展现了它神奇而深沉的魅力，而这只是冰山一角罢了。

二

古堡是建在一个相当陡峭的山顶上的。晚饭之后，我们走下山，像是几条小小的鱼儿，一头扎进了山脚下由楼巷组成的大海。此时一轮明月已经高悬于天空之上了。

不知不觉走进一条步行街，这里游人如织，熙熙攘攘，但我顿生出一股乏味和无聊的感觉。我向来不喜欢人多的景点，游览景点犹如品茶，两三个知己在一起是品味茶的好坏，七八个人在一起便纯粹是分茶水解渴了。

我看着熙熙攘攘的人群，决定尽快逃离这里。

无意间我拐进一条小巷。这条小巷在月光的照耀下显得格外冷清。可在我看来，这条小巷也并非一无是处。月光轻轻地泻在石板路上，汇成一条发亮的河流，两旁的小屋仍然保持着几个世纪前的建筑风格。月光也像几个世纪前一样细细地洒在屋顶上，一切都仿佛和几个世纪前没有什么变化，真如同梦中一般。

面对这样的景象，我开始有些吃惊了，然而我主要不是为眼前的这种景象而吃惊，而是为这种景象的存在而吃惊。这条小巷就在一条繁华的现代商业步行街的旁边，而商业街的设计师，居然仍然让这条小巷保留着它本真的面目，而没有对它进行哪怕是一点点的改造，这其中显然蕴含着某种过人的忍耐。

设计师容许了一条这样的小巷存在！一条仿佛仍旧停留在几百年前的小巷！或者，用日本作家铃村和成的话来说，设计师就这样"咽"下了一条中世纪风格的小巷，这其中显然蕴含着某些过人的胆量。

也许有人会觉得这不算什么。但如今，中国有多少古老的街道被城市化和现代化的浪潮吞噬，从此永远地消失在历史的长廊中呢？诚然，如今的中国也并不缺乏文化卫士，如当今作家冯骥才。但此时此刻，站在这条小巷里，刹那间觉得我们还有很长的路要走。

三

当我回过神来,夜已深了,我跟着其他人回到了旅社。躺在床上,我闭上眼睛,却总是感觉旅社的外观和那条小巷有着什么关联。忍耐、文化、保护、民族、国家……我感觉我正在面对的,是难以被那些所谓的中国现代化的推动者理解的东西。想着想着,我便坠入了梦乡,我所面对的已经不是我这颗狭隘的大脑所能理解的了。

点评时间:

[我是霸道主题咖]

作者记叙了在德国纽伦堡的所见,透过描写对古堡和小巷建筑风格的保存,反思历史建筑的保护,主题新颖而深刻,是一篇很有力量的文章!

[我是严谨结构君]

顺叙。

[我是炫酷句子迷]

(1)比喻句精彩。

"最令人难忘的是那些镶在外墙中的窗户,它们安静地待在那儿,像是城堡忧郁的眼睛,无言地望着脚下的城市,目光仿佛穿透了几个世纪,看到了很久以前的过去,看炮火硝烟,看人来人往。"

一个比喻句,不仅写出了城堡的样子,而且写出了城堡的古老和沧桑。

"晚饭之后,我们走下山,像是几条小小的鱼儿,一头扎进了山脚下由楼巷组成的大海。此时一轮明月已经高悬于天空之上了。"

这个句子真是形象,鱼儿扎进大海,渺小与浩大对比,场景画面感极强。"此时一轮明月已经高悬于天空之上了。"这一句简单交代时间,看似无心,却与后文"月光轻轻地泻在石板路上,汇成一条发亮的河流"相照应,逻辑严密,语言精妙。

(2)旁征博引,有思想,有力量。

作者引用日本作家的语言,一个"咽"字精准极致,表现了商业时代保存历史建筑的艰难,更体现了德国设计师的历史眼界和博大胸怀。同时,也看出作者阅读涉猎广泛,旁征博引,游刃有余。

(3)议论经典。

"我向来不喜欢人多的景点,游览景点犹如品茶,两三个知己在一起是品味茶的好坏,七八个人在一起便纯粹是分茶水解渴了。"

这个议论真是深得我心!将平常人都会有的感受说出来,精妙得深入人心。必得作者用心投入生活,又爱思考提炼,才能得此佳句。

内蒙古高原游记
郑超(初二)

汽车行驶在望不到边际的内蒙古高原上,早已疲乏的我恹恹欲睡,偶尔望向窗外,瞥见浅绿色的草原,那是辽阔无垠、波涛翻滚的绿。

这些倒没令我惊奇，跟我想象中的差远了，草原可能也就这样吧。单调枯燥，无限循环。忽起小雨，只能留在车里。

小雨过后，我漫不经心地走下车，同一位当地人前去祭敖包。祭祀敖包，须手系红绸巾，闭着眼，绕着敖包走三圈，双手合十，许下心中的祝福和愿望，须十分虔诚，再把红绸巾系在绳上，尔后捡起一颗小石子抛向敖包。一个黑瘦的小伙子领在前头，手系红绸巾，踩在前人留下的足印上。我不以为然，觉得他迷信、迂腐、可笑。

我望向他的脸，他紧闭着眼，那表情十分复杂，欢乐、哀伤、苦难、悲怆，最终化为平静。我恍然，这不是迷信，而是对大自然、对草原、对心中的神的敬仰，是信仰。

回过神，我仰头看见五六米高的敖包，彩蝶飘飘，不知这彩蝶般的绸巾，寄托了人们心中多少的祝福和愿望？该叠加上多少对虔诚的脚印，多少颗米粒大小的石子，才能堆积成如今眼前的五六米高的敖包？我再一次被震撼。

我也学他的样子，沉下心，闭上眼。阵阵淡雅的花香袭来，各种草的香混合着泥土厚重的气息，把我全身心浸透。时而传来鸟雀鸣声，婉转动听；时而传来缓缓的流水声，潺潺不绝；还有放牧人的歌声、蒙古狗的吠叫、牛羊踏过草上发出的窸窣声。

睁开眼，只见那一望无际、波涛翻滚的绿，雨后的草不再是浅绿色，它明亮，翠色欲流，金光闪闪，令人惊喜。随处可见的米粒大小的淡紫的阿尔泰狗娃花盛开在草原上，羊群爱吃的羊草和尖如针的针茅散发着清香，诱惑着一颗奔波的心，这时我只想欢唱一回，只想纵情一回！

走进草原，竟见策马驰骋的蒙古人，身着蓝白相间的蒙古长袍，头戴褐色圆帽，蒙古狗跟随着主人一路狂奔，牛羊悠闲地溜达，缓缓地向其他草场转移，还不时低头啃食鲜草。

丁立梅曾说过："忽略与漠视，已成了我们生活的常态。我们总是忽略跟前的好，像猫一样的，追着风跑，以为远方才有我们所要的美好，而让四季的风景，从身边白白错过。"曾忽略与漠视，庆幸我蓦然回首，抓住了草原的风景，回忆流淌在逝去岁月里的记忆碎片时，还能让人心暖。

驱车离去，回过头，依旧是那一望无际、波涛翻滚的绿。

点评时间：

［我是霸道主题咖］

作者记叙了去内蒙古高原游玩的所见所闻，由忽视、漠视到全身心地投入欣赏，最后收获感悟。现流行网红打卡式旅游，美景沦为打卡任务，不再是必须用心感受的事物。对此，作者的感悟应景又深刻。

［我是严谨结构君］

作者采用了顺叙的叙事方法，直接带读者进入情境，直接明白。

［我是炫酷句子迷］

（1）名词精准具体。

"阿尔泰狗娃花""针茅"，精准的名词，体现的是作者的用心，使情景更加真实。

（2）五感写作法运用到位。

"阵阵淡雅的花香袭来，各种草的香混合着泥土厚重的气息，把我全身心浸透。时而传来鸟雀鸣声，婉转动听；时而传来缓缓的流水声，潺潺不绝；还有放牧人的歌声、蒙古狗的吠叫、牛羊踏过草上发出的窸窣声。"

作者打开嗅觉、听觉，还原了草原上的细节，让读者也觉得很享受。

（3）情绪线的渐变，明确而有理。

早已疲乏的"我"恹恹欲睡—这些倒没令"我"惊奇，跟"我"想象中的差远了，草原可能也就这样吧。单调枯燥，无限循环—"我"不以为然，觉得他迷信、迂腐、可笑—"我"再一次被震撼—这时"我"只想欢唱一回，只想纵情一回—驱车离去，回过头，依旧是那一望无际、波涛翻滚的绿。

情绪的变化交代得很清晰，且手法多样：有心情独白，也有寄情于景。一波三折的同时层层深入，让读者的心情也跟着起起落落，精彩！

追寻那远去的世外桃源

邓世杰（初三）

信息化时代悄然来临，心中积郁的浮躁无法释放，人心中的世外桃源也逐渐远去了。

从缤纷多彩的网络世界突然被拉回到喧嚣的列车中，我很不习惯。列车里充斥着各种打扑克声、游戏声，我对父母口中所谓的天堂，这次旅行的目的地——贵州，不免嗤之以鼻。那种地方有什么好看的？没有繁华的商业街，只有偏僻的山河，还不如窝在家里玩一把《王者荣耀》呢！可是望着前排讨论得正欢的父母，心中却不好发作。

我躺在车座上，百无聊赖地刷着手机，打着哈欠，心中满是怨气。深吸一口气，又吐了一口气，心中更加充满积怨了。过了不知多久，小七孔景区终于到了，我木偶一般下了车，心中没有一丝期待。然而，当满山的绿撞入眼帘时，心中还是微微吃了一惊。

将手机放入裤袋，在木桥上缓步走着，听着河流在石头上的撞击声，风吹过每一片绿叶的摩擦声，我微微心惊，这一切完全不像是手机里矫揉造作的风景，也不像是色彩斑斓的综艺视频。它们是活的，水是活的，绿叶是活的，风也是活的，它们在流动，它们在欢笑，它们有着独特的生命，一切都显得那么令人惊奇。

沿着木板桥越走越深，游人越来越少，耳边越来越静谧，唯有鸟鸣声，也确乎是"鸟鸣山更幽"了。我暗暗问自己，有多久没感受过宁静，有多久没心中尽是安稳，有多久不肯耐心望着风景静静地等灵魂出窍？深吸一口气，怨气早已不在，鼻腔内满溢着草木花香，站在一块遮天蔽日的大岩石旁，许久不动，像被定住了一般。"叮叮咚咚"的河流在身旁流淌，那美妙的乐章和美景结合在一起，竟然比之前看过的唯美的 MV 与刺激的游戏更让人舒畅。那是一种接近生命本质的舒畅。在伟大的自然母亲的怀抱里，我像刚出生的婴儿，没有追名逐利的野心，没有互相攀比的压力，没有繁华街市固有的浮躁，只有安心和宁静。我甚至第一次感觉到了我自己。我也终于明白苏轼是如何写出"山下兰芽短浸溪，松间沙路净无泥"的诗句了，也终于明白陶渊明为何"衣沾不足惜，但使愿无违"了。原来，世外桃源不只是山村野景，更是逃离了信息轰炸之后心的安宁，是老子"五色令人目盲，五音令人耳聋"之意也。

周末，也许我们并不能逃离喧嚣的城，但我们不妨沏一杯茶，在有阳光的午后看看书，让心静下来，在闹境中追寻那远去的世外桃源，这便是陶渊明"结庐在人境，而无车马喧。问君何能尔？心远地自偏"之意也。

点评时间：

[我是霸道主题咖]

作者记叙了去贵州小七孔游玩的经历，向我们展示了他的思想变化。他丢下手机，在自然中展开了与自己的对话，并感悟到："让心静下来，在闹境中追寻那远去的世外桃源。"现代社会的我们在网络世界里忙碌，却疏于在自然世界里与自己对话。本文主题与现实紧密相关，既新颖又深刻。

[我是严谨结构君]

叙事采用顺叙，描写景物采用移步换景。

[我是炫酷句子迷]

（1）联想合理，诗词运用更添文化厚度。

"我也终于明白苏轼是如何写出'山下兰芽短浸溪，松间沙路净无泥'的诗句了，也终于明白陶渊明为何'衣沾不足惜，但使愿无违'了。原来，世外桃源不只是山村野景，更是逃离了信息轰炸之后心的安宁，是老子'五色令人目盲，五音令人耳聋'之意也。"

作者在自然中感觉到了自己，并联想到苏轼的旷达、陶渊明的隐世精神、老子的哲思，让文章增加了厚重感。

（2）内心独白展现情感变化。

"那种地方有什么好看的？没有繁华的商业街，只有偏僻的山河，还不如窝在家里玩一把《王者荣耀》呢！"

"我暗暗问自己，有多久没感受过宁静，有多久没心中尽是安稳，有多久不肯耐心望着风景静静地等灵魂出窍？"

在文章中让自己的内心情感直接流淌出来，真实又清晰的表达！

【刻意练习】

请你点评下面这篇文章，指出其优点和不足。

品味香格里拉之静

吴双（初二）

我想象中的香格里拉，应该是宝蓝色的天空，和着一大片的黛青。日光洒在身上，暖融融的。云雾环绕在山头，朦胧又神秘。夏天的风把燥热拂走，只留下无限的惬意。

然而并非如此，夏季的香格里拉甚至还带着高原的寒意。加之小雨，到处都是凄清之景，全无夏天的样子。由于高原反应，我的胸口像压了两块巨石，额头两旁也突突地跳。此时导游却突然停下车来，说香格里拉随便一处草地都比景区好得多。是吗？

拉开车门，视野瞬间开阔起来，吸一口气，已然闻到了那翠绿的味道。雨滴落在地上，发出阵阵欢叫，织成细密的雨帘，将我和那山峦隔绝。胸口的巨石像被移开，我又有了呼吸。踩着半湿的青草前行，在这绿的海洋里游弋。一团团的绿，毛茸茸的，真像雏鸡身上的毛。自然就是高超的山水画手，提笔一点，一团的青绿便晕染开来，向四处蔓延。在这波涛翻滚的绿中，好像有亮紫在盛开，攀着绿露出了头。导游说那是翠雀花。多么轻盈灵巧的名字！仿佛下一秒，它就会从这挤眉弄眼的绿中飞出来。

恍惚之间，调皮的绿不见了，只剩了一身黄褐色长毛的牦牛在静静吃草。远处淡绿的山峦和灰白的天空浑然一体，纯净安然。竟有如此静的环境，感觉灵魂都被洗濯一番，空灵，宁静，无所欲求。

忽然闯入眼帘的是在空中飞舞的布块。湖蓝的、藏青的、土黄的、正红的、淡灰的正方形布块连接在一起，在空中形成一个又一个巨大的弧形，在这绿中显得格外突兀。布块下枯褐、枯黄、枯灰的石头夹杂在一起，毫无章法地排列，在远处看却显得无比和谐。导游说这是经幡，经幡下堆砌的石头是"玛尼堆"。

风来了，经幡猎猎作响，在空中翻飞着，想要挣脱一切牵扯羁绊，飞向那灰白的天空。玛尼堆却岿然不动，在这风中屹立，古老而又神秘。虔诚的藏族人民相信，只要把日夜默念的六字真言刻在石头上，就会有一种力量给他们带来吉祥。走近了看，发现每块石子上竟真的都有庄严的图案。石子原本光滑的表面变得斑驳、脱落，却沉稳无比，像是智慧的老者，静观世间百态。眼前逐渐浮现的是身着鲜艳服饰的藏族人民，他们绕玛尼堆一圈，祈福，放下一粒石子。再绕玛尼堆一圈，祈福，放下一粒石子。山丘高的玛尼堆，叠加着无数藏族人民的祈愿。他们祈求家人幸福安康、世界幸福安康。他们祈求神的慈悲，愿化自己的所有信仰为平静，只求安宁。

绕着玛尼堆，将浮躁与世俗拂走，留住的是平静。

"静的力量，有时比喧嚣更显巨大。"宁静的心绪，让我远离了热门景区的喧嚣，见识了别样的风景。放慢脚步，虔诚而又欣喜地面对枯燥的生活。转角处，也许有新的奇迹在悄然等待。

回到车上，再望向窗外，那一片黛色显得格外柔和。玛尼堆仍在风中屹立，七彩的经幡仍在绿中闪耀……

点评时间：

[我是霸道主题咖]

[我是严谨结构君]

[我是炫酷句子迷]

专题4 创意游记：变换视角看世界

在进行游记类专题作文训练时，我们接触到作家阿来的《一滴水经过丽江》，文章出自部编版八年级下册语文教材。阿来一反往常以人物为主体视角的写作方法，以一滴水的视角写出了云南丽江的奇美景色。学生感到非常新奇和佩服：竟然能以一滴水的角度写游记，太牛了！

我们总结出变换视角写游记的好处：

（1）突破时间的限制。将丽江从古至今的发展一一写清。一句"再次醒来，时间又过去了好几百年"，完美地从古代过渡到现代。

（2）突破空间的限制。一路从玉龙雪山到四方街，再到金沙江，范围广。带我们游历了银器小店、玉器店、售卖纳西族东巴象形文字的字画店、花香四溢的客栈，充分展现了丽江的人文特点。

（3）获得自由视角。描写景物时，时而居高俯瞰，时而升高远望，选用传统的人物视角是很难做到的。

（4）"一滴水"既是观察者，也是丽江故事的主角，巧妙地展现了丽江水流众多的特点。

总结后发现变换视角写游记是一件非常有意思的事情，所以我们决定尝试。写作任务：变换视角，写一篇游记作文，600字以上。

1. 唤醒

学生已经学习过游记类专题写作，对游记并不陌生，当提出"变换视角写游记"的创意时，他们都跃跃欲试。

写作之前，我引导学生思考："变换视角写游记与用传统方式写游记有何区别？有哪些需要特别注意的地方？"最后总结出：首先，变换视角需要选择恰当的视角，因丽江水流众多，同时又能够展现丽江方方面面的特点，选择"一滴水"的视角很恰当。其次，写作时要能表现该事物的本质属性，既然是"一滴水"，描写时就应时刻牢记"水"的特性。如果一会儿是"水"的视角，一会儿是"人"的视角，文章便会混乱不堪。最后，文章还要回归本源，既然是游记，不论用什么视角，都必须写出地方特色，表达出自己的情感。

在正式写作之前，先进行视角转换练习，要求自创情境，写出该事物的特质。

阅读学生练习示例，说说哪些词句充分体现了事物的特点，哪些词语使用不恰当。

示例1：

我踏过褐黄的麦秸地，穿过一排排整齐的烟草田，经过高高挂起的涩青的苍耳。想到这东西被粘在身上就取不下来后，我下意识地扑棱了几下翅膀，迈开爪子向前走去。

门前，我的主人正和一大桌人斟酒吃饭，高谈阔论，声音极敞亮，还带着韵律丰富的闽南调调。我也多想开口说话啊，告诉他们我爱极了这个地方，最后只能发出"喔喔喔"的声音。循着光亮望去，天边一颗超级大的红鸭蛋，饱满得要滴出油来。我不禁快步追着它，向它跑去，任凉风习习抚过鸡面，任丝丝麦香钻入鼻腔。身旁，几个顽皮的小孩骑着单车呼啸而过。这日子真好啊！（作者：吴双）

点评：文段想象合理，基本写出了"一只鸡"的特点。不足之处在于有些语句不够自然，不符合"鸡"的视角。例如，"迈开爪子向前走去"。"爪子"一词是人对鸡脚的称呼，不太符合"鸡"的口吻。再如，"任凉风习习抚过鸡面"。我们不会说"任凉风习习抚过人脸"，不会刻意强调自己是一个人。这些需要进行修改。

示例2：

我是一盏灯，一盏安家在千灯湖的草坪灯，我似乎是一个配角，那占据在公园正中，在阳光下熠熠生辉的碧湖才是那众星捧月般的存在啊！可是到了晚上……一丝电流涌进了我的身体里，我醒了过来，睁开了眼。随着我眼睛睁开，哈，草坪亮了。我眨了眨眼，草坪也随之一明一暗。我抬起头，只见近处草坪旁的街道亮了，街上的楼亮了，整个千灯湖都亮了，远处，小山也亮了!

我收回目光,看见灯下正打盹的小商贩晃了晃头,抬头看了看我,然后打开了身边的麻布袋子,从里面取出一件件小玩具,排排罗列在身前。哦,千灯湖的夜场要开始了!渐渐的,光亮下的小黑影多了起来,或独自一个人,或三五成群,在林荫小道里穿梭着。远处,几个小小的黑影飞奔而来,一阵欢笑声也由远及近,灯下的小贩正了正身子,熟练热情地向孩子们兜售着飞行玩具。一个小孩伸手要了一个飞碟。哈,这也是一盏灯,它是一盏幸运的灯,因为它可以自由地移动啊。小男孩跑到草坪中间,点开那盏绿色的灯,过了一会儿,一点绿色升入了夜空中,之后又是一点,两点,三点,五颜六色的灯飞向空中,它们在黑色的舞台上翩翩起舞。地上的孩子们仰着头,看着此刻的主角——那几盏灯,咧开嘴笑出了声。(作者:夏浩轩)

点评:文段想象合理,写出了"一盏灯"的特点,视角转换成功!语句中处处展现了公园里的路灯的特点。一是不会移动,因此它羡慕地说:"哈,这也是一盏灯,它是一盏幸运的灯,因为它可以自由地移动啊。"二是"电灯"。"一丝电流涌进了我的身体里,我醒了过来,睁开了眼。随着我眼睛睁开,哈,草坪亮了。"

视角转换训练完毕,回归游记训练。

首先,选择自己熟悉的地方,确定你想要重点突出的特点。

其次,根据所选地点,确定合适的视角,如:一片云、一滴水、一只小鸟等。

提问环节,学生分享自己的创意,同学就"他的表述中有没有让你觉得很棒或不妥的部分"进行提问，讨论过后确定写作素材。

2. 决定

在确定了视角和自己要写的内容之后，我们需要明确文章结构。

记叙顺序可以选择倒叙手法回溯过往，也可采用顺叙手法，将读者直接带入情境中。顺叙的内容可以按从古到今的时间线进行，但要求作者对地方历史有相当的了解，也可以直接写现代场景，通过不同的方面表现景物不同的特点。

写景顺序可以选择定点观察或移步换景，或两者兼用，也可以景物特点为主线索，以最能表达自己对景物感受的一词或一字统领全文。

3. 分享与修改

学生在班级展示自己创作的创意游记美文，师生就三个问题进行讨论并修改。

问题1：视角选择是否恰当？有何依据？

问题2：文章描写的地方有何特色？作者的情感态度是什么？

问题3：写作时是否体现了所选视角的事物的本质特点，并且一以贯之？

4. 佳作欣赏

一滴水经过佛山

胡羽淇（初二）

我是一滴水，不经意地涌进了佛山的一条沟渠里。

那是一条"S"形水道，我刚想靠近岸边，却发现岸边挤满了人，那些人啊，高举着"叠滘龙舟漂移赛"的长幅呐喊助威。没过多久，我便发现自己不由自主地开始摇晃起来，我有些头晕，接着，一阵阵隆隆的鼓声传进我耳朵里，我想应有大事发生。果不其然，只见一个凶猛的龙头向我扑来。炯炯有神的红眼睛、线条颜色分明的龙须和气势汹汹的龙角，这是一条准备激战的猛龙啊。瞬间，我被一阵阵急促的水流卷飞了起来，在天空中定睛一看，才发现这哪是一条龙啊，这是一条细长细长的龙舟啊，而船身竟附着鳞片，我不得不感慨龙舟做工技艺精湛。

我刚想仔细瞧瞧，可是身不由己，我从空中跌落下来。

只见船上坐着一个个干劲十足的水手。人人手握一支船桨，冷静而有力地划着水，他们身体随着船中央鼓手的敲鼓节奏一倾一仰，有力有序地前进。而我的身体也随着敲鼓的节奏一倾一仰。水手们嘴里喊着地道的粤语"一二一二"，整齐而有序地前进，我变得兴奋起来，跟着他们一起舞蹈。

我想，变的是船行驶的速度，不变的是水手们骤雨般的频率，是他们猛虎般的气势，是他们刀刃般尖锐的眼神；不变的，还有佛山人对胜利的渴望和坚持不懈的生活态度吧。

龙舟，佛山！

越来越近，越来越近，突然我从水龙头里被挤了出来，这是哪儿啊？我从来没到过。还没等我思考清楚，我就被和在了陶泥里面，被搬上了转盘。只见一个头发花白的老人搬了一个小板凳坐在我前头，他静静地看了我一眼，然后顺手把我拂进了陶泥里，捏啊，捏啊。没过多久，我发现我自己变成了一个开怀大笑的弥勒佛，敞胸露乳，捧着自己的大肚腩仰天长笑。老人很是细心，将我身上的佛珠和衣服尽量分开，显得我更加立体有质感，这身行头令我非常满意，我甚至不想让自己再变成水了。可是老爷子似乎并不这么认为，他托着头嘟囔了一下，又把我揉成了一团，打回原形，没等我反应过来，他又把弄着我，我透过他的老花镜一看，呀！一招财童子，骑着小驴，手里捧着一大把铜钱，身上背着一个葫芦，咧着嘴开心地笑，太可爱了！老爷子似乎也和我的看法一样。

不过一会儿，他便把我捧进了烤炉里，我顿感周身烫烫的，我想大叫：老爷子使不得啊！但是已经被关了进去，里面的温度开始升高，我开始慢慢消失。虽然不舍我那晶莹剔透的躯体，可是为了佛山，我必须舍马保车。

终于我不再是一滴水了，我变成了一个招财童子，立在石湾的陶瓷店里，看着来来往往的咧着嘴看着我笑的人，我笑了。

点评时间：

[我是霸道主题咖]

作者以"一滴水"的视角突破时空限制，再现了佛山的龙舟文化和陶瓷艺术,写出了浓郁的佛山风味。

[我是严谨结构君]

顺叙。写景顺序为移步换景。

[我是炫酷句子迷]

(1) 视角变换精准。

"不由自主地开始摇晃起来""龙头向我扑来""我被一阵阵急促的水流卷飞了起来"等句子展现了水的流动性的特点,生动有趣!

(2) 语言生动活泼。

"我透过他的老花镜一看,呀!一招财童子,骑着小驴,手里捧着一大把铜钱,身上背着一个葫芦,咧着嘴开心地笑,太可爱了!"

"我顿感周身烫烫的,我想大叫:老爷子使不得啊!但是已经被关了进去。"

用短句写出了一滴水的心理活动,更能体现一滴水的活泼有趣。

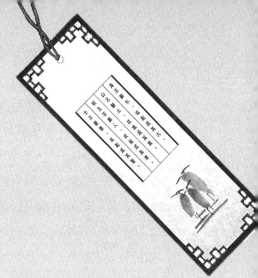

第三章

技能篇——人物描写

我们通过观察一个人的外貌、动作、语言、神态来了解一个人的内在,这对写作人物同样适用。

除去景物之外，我们生活在人群中间，人是一切事物的发动者。没有人物，就不会有事件。人物描写也是最基本的写作训练。

在描写中，人物是最难写的。与景物描写不同，花朵、树叶是固定的，看它的外表就可以描写了。但人是活动的，人是有思想的，除了观察其外在，还必须看到其内心和性格。

如何写好人物呢？《七十二堂写作课》中说："人物描写可以分外面、内面两部分来说。外面指见于外的一切而言，内面指不可见的心理状态而言。""外面描写包含着状貌、服装、表情、动作、言语、行为、事业等等的描写。""内面描写就是所谓心理描写。"

这里介绍得很清楚，我们通过观察一个人的外貌、动作、语言、神态等外在表现了解一个人的内在，在写作时，我们也通过这种方式刻画人物形象，突出人物特点。这是我们熟悉的写作方法。

但从学生习作反馈来看，人物描写方法单一，缺乏技巧，人物形象模糊。造成这一现状的原因是大多数写作课对此语焉不详。老师会告诉学生要运用多种描写方法，在具体事件中体现人物个性，但不提及具体的操作方法，学生只能靠直觉和经验写作。

因此，在进行人物描写时，我们必须先了解每个描写方法的基本技法。本章内容分为五讲：外貌描写、语言描写、神态描写、动作描写、心理描写。但同时我们需要明确：所有人物描写方法的终极目标是展现人物的个性特点，仅仅写一个人的外表是不够的,精彩的人物个性一定体现在具体的事件中。因此,学习完描写方法专题之后,会进行人物综合写作专题训练。

首先我们来好好学习如何运用描写方法写出人物特点吧。

第一讲　外貌描写：不是所有的嘴巴都是"樱桃小嘴"

当我们提及孙悟空，脑海中便会立即浮现出他尖嘴猴腮的机灵模样；提及猪八戒，便会想起他长嘴大耳朵的呆子样；提及林黛玉，便是"泪光点点，娇喘微微"的病美人形象。你看，精彩的人物形象首先要有一个令人印象深刻的外貌。

以上是小说笔法，记叙文也需要学习怎么写人物外貌吗？当然！

在评改学生作文时，我常常说："一个面目模糊的妈妈在真空环境下给你倒牛奶，掖被角，感觉很诡异哦！"这中间包含两个关键词：外貌、场景。模糊的外貌，虚无的场景，人物形象立不起来，画面不真实，得分自然不会高。

什么是外貌描写？外貌描写是对人物外貌特征和穿着打扮的描写。

如何写好人物的外貌呢？

1. 观察

对于你要表现的对象，要长时间地去观察，以便发现之前没有发现的和别人没有发现的特点。

你注视一张脸时，都看到些什么？如果你只是笼统地看到两只眼睛、一对眉毛、一个鼻子、一张嘴，那你的观察力一定需要好好磨炼。

在最初学习外貌描写时，我们学会了一些千篇一律的标签式说法，眼睛是"黑葡萄似的""大大的"，嘴巴是"红红的樱桃小嘴"。习惯了这种模式化的说法之后，我们的观察力就自动消退了。为了防止出现这一问题，我们需要多掌握一些观察角度，你要看到大小、颜色、形状，还有它们相互之间的关系。

（1）眼睛。

大小：大眼睛、小眼睛、正常。瞳仁是大还是小。

颜色：黑色、棕色、淡褐色、蓝色。

形状：丹凤眼、圆眼、杏仁眼。

神采：是明亮有神，还是红丝密布、浑浊呆滞。

眼睛与周边的关系：两只眼睛之间，是靠得近、离得开，还是端正适中。

眼睛周边：黑眼圈、长睫毛、戴眼镜。

（2）鼻子。

大小：大鼻子、小鼻子。

颜色：正常色、红色、紫色。

形状：鹰钩鼻、蒜头鼻、肉墩墩的。

特点：长麻子、鼻毛突出的。

（3）嘴巴。

大小：大嘴、小嘴。

颜色：红色、粉红色、发白等。不同的口红色号：脏橘色、砖红色、豆沙色等。

形状：丰满、细薄，弓形的上嘴唇形状鲜明或模糊。

嘴巴周边：牙齿（是闪亮还是发黄，是整齐还是参差不齐，有无箍牙套）。

（4）身材。

大小：高、矮、胖、瘦。

形状：竹竿一样的瘦削、微胖、啤酒肚。

身材周边：与服饰是否相称。

（5）人物的拥有物。

通常，说到外貌描写，我们会更多地关注人物的面部及身材特点，往往会忽略人物的拥有物。他的衣着、首饰，还有特殊的能显示其品格气度的所有物，会释放出很多信息。在你觉得有必要时写进去，会增加文章的真实感。一个学生曾描写他的爷爷，令人印象深刻的一句是："爷爷总是穿着背后印着'正大饲料'四个楷书大字的深蓝色长衫。"这种长衫很便宜，多半是赠送的，一句话表现出他爷爷的朴素，这就是有助于人物形象刻画的拥有物。张爱玲的小说里特别关注人物的拥有物。

那曹七巧且不坐下，一只手撑着门，一只手撑了腰，窄窄的袖口里垂下一条雪青洋绉手帕，身上穿着银红衫子，葱白线香滚，雪青闪蓝如意小脚裤子，瘦骨脸儿，朱口细牙，三角眼，小山眉。（张爱玲《金锁记》）

曹七巧的出场方式很特别，一个"撑"字写出了她的慵懒和泼辣，接着便是对她衣饰的详细描绘，雪青、银红、葱白、闪蓝，亮眼的颜色，讲究的穿着，显出她的富贵与落寞来。

她摸索着腕上的翠玉镯子，徐徐将那镯子顺着骨瘦如柴的手臂往上推，一直推到腋下。她自己也不能相信她年轻的时候有过滚圆的胳膊。就连出了嫁之后几年，镯子里也只塞得进一条洋绉手帕。（张爱玲《金锁记》）

曹七巧年轻时戴镯子只塞得进一条洋绉手帕，那是青春的旺盛、生命的饱满。而后年老临终时，镯子竟可以一直推到腋下，意喻生命已经被掏空，灵魂也已畸变。那一翠玉镯子也是曹七巧一生悲剧的见证者。

细致地观察，及时将自己的发现用几个关键词记录下来。

2. 定神韵

我们都知道写人要抓住人物特点来写。什么是特点？特点是指与其他人不同的地方。有的人长相奇异，特点明显，我们只需要抓住人物外貌中最具特色的地方描写就可以了。可大多数人长相平凡，特点并不突出，我们不知从哪儿下笔描写。因此，这里的特点不是长相特点，应是"个性"特点——一个人的神韵。我们在进行人物观察时，除了观察其外貌特征，也在观察他的风度、气质、品格。我们在描写人物时，心中要有一个明确的方向：是表现他的幽默乐观，还是他的旺盛生命力，抑或古典气质，随后再根据人物的个性特点选择你印象最深的来写。

3. 外貌描写要有一定的顺序

这里的顺序并不是要求一定从上到下，从左到右，面面俱到。因为鼻子、眼睛、耳朵之间本身并没有主次之分，我们随便从哪一方面写起都是可以的。另外，面面俱到的描写常常会失败，过多的细节会让读者无所适从，脑中无法形成一个清晰的画面。因此，我们描写时要有清晰的顺序。

（1）从整体到局部。

我们观察人物时，先从整体看起，再看各个部分，特别关注让你印象深刻的部分。这样的写作顺序会让读者有一个很清晰的人物图景。

鲁迅是人物描写的高手，当我在搜集人物描写的相关资料时，脑海中浮现的经典人物多半出自鲁迅先生之手。我们来看他是如何进行外貌描写的。

> 他身材很高大；青白脸色，皱纹间时常夹些伤痕；一部乱蓬蓬的花白的胡子。穿的虽然是长衫，可是又脏又破，似乎十多年没有补，也没有洗。（鲁迅《孔乙己》）

先说身材，再说脸色和胡子，也就是脸部特征，最后说衣服特点。身材是给人的整体感觉，脸色告诉读者他的健康状况和生活境遇，衣服展现他的社会地位、他的纠结、他的不合时宜。描写顺序从整体到局部，先勾勒大致轮廓，再选择最能代表人物特征的点。透过外貌描写，展现了孔乙己的内在精神世界的矛盾和挣扎，这是鲁迅先生厉害的地方。

其时进来的是一个黑瘦的先生，八字须，戴着眼镜，挟着一叠大大小小的书。（鲁迅《藤野先生》）

先说身材，再选择最具特色的点进行勾画：八字须、眼镜。从整体到局部，一个稍显严肃的先生形象就出现了。

（2）着眼特点。

人物重要的特点详细写，没什么特色的部分直接略过不写。

他的面孔黄里带白，瘦得教人担心，好像大病新愈的人，但是精神很好，没有一点颓唐的样子。头发约莫一寸长，显然好久没剪了，却一根一根精神抖擞地直竖着。胡须很打眼，好像浓墨写的隶体"一"字。（阿累《一面》）

阿累对鲁迅先生的外貌描写可以这样概括：身材瘦，头发竖，胡子像"一"字。透过描写看到了一个怎样的鲁迅呢？一个身体欠佳却精神抖擞的鲁迅，一个战斗力很强的鲁迅，一个特点很鲜明的鲁迅。紧抓特点，三句话就把鲁迅先生写活了。

五年前的花白的头发，即今已经全白，全不像四十上下的人；脸上瘦削不堪，黄中带黑，而且消尽了先前悲哀的神色，仿佛是木刻似的；只有那眼珠间或一轮，还可以表示她是一个活物。她一手提着竹篮，内中一个破碗，空的；一手拄着一支比她更长的竹竿，下端开了裂：她分明已经纯乎是一个乞丐了。（鲁迅《祝福》）

祥林嫂是鲁迅作品中具有代表性的人物形象，文段中选了她的头发、脸部特征、眼睛，还有她的所有物（竹篮、破碗、竹竿）来写。

头发显出与年龄不符的苍老。接着写脸部特点，先写脸形瘦削，再说黄中带黑，"消尽了先前悲哀的神色，仿佛是木刻似的"。木刻似的，运用比喻手法，显出连悲哀都没有了的绝望。

鲁迅说："要极省俭的画出一个人的特点，最好是画他的眼睛。"（《我怎么做起小说来》）诚然，眼睛是人心灵的窗户，而祥林嫂的眼睛只能作为一个活人的佐证罢了。

三个画面，写出了祥林嫂对未来生活的麻木绝望。

翠翠在风日里长养着，把皮肤变得黑黑的，触目为青山绿水，眸子清明如水晶。（沈从文《边城》）

这是湘西风物里成长起来的翠翠，沈从文抓住了两个特点：皮肤黑、眼睛亮。"眸子清明如水晶"，运用比喻，增添神韵，一个天真的农村少女形象就活脱脱地显现出来了。

抓住人物特点进行外貌描写，其实一点都不难。先定神韵，根据神韵拣印象最深刻的点来描写。描写顺序不可混乱，可选择先整体后部分，也可着眼特点直接刻画，并运用恰当的词语和修辞手法进行表现，使人物如在眼前。

以上是外貌描写的规定动作，当然，在实际写作中，还有一些自选动作，能帮助你将外貌描写自然地融入叙事中。

技巧1：让人物在情境中出场。

小学描写人物外貌有一个常用句式，简称"他有"句式，如"他有一双大大的眼睛""她有一张樱桃小嘴"。这是一个不会出错的句式，但同样是一个不出彩的句式。同样类型的句式还有"她是一个身材不胖不瘦的女孩"。这样的介绍太刻意了，仿佛"咳咳"两声,我要开始介绍人物外貌了,各位注意听好哦。因此,为了避免这种句式,先把"有"字去掉,并试着把人物的外貌描写放入情境中,让它自由生长。

铃声一响,全班42双黑眼睛一齐望向教室门。须臾,一个头方耳大、矮胖结实的中年人夹着一本厚书和一个大圆规、一个大三角板挤进门,眨眼工夫就站到了讲台上。胖人能走这么快?全班同学大吃一惊,教室里更安静了,静得只听见周围深沉的呼吸。(马及时《王几何》)

作者将人物直接放入出场情境中,消解了故意介绍的隔膜感,使人物介绍变得非常自然,并且能够让读者看到具体的画面,直接进入故事,简洁明了。

思考一下,你要描写的人物情境是什么?如何自然地穿插进人物的外貌描写呢?

技巧2:侧面烘托的力量。

古代形容美女的词句有很多,手如柔荑,肤如凝脂,巧笑倩兮,美目盼兮,等等,但有一个美女让人印象尤其深刻,她叫秦罗敷。她美到何种程度呢?

行者见罗敷,下担捋髭须。少年见罗敷,脱帽著帩头。耕者忘其犁,锄者忘其锄。来归相怨怒,但坐观罗敷。(《陌上桑》)

行路的人见了罗敷,放下担子,捋着胡须注视她,都忘记赶路了。少年见了她,忙着脱帽重整头巾,让自己看起来更潇洒。耕地的人忘记自己在犁地,锄田的人忘记自己在锄田。唉,农活都没有干完,只是因为贪看了罗敷的美貌啊。我们虽没有亲眼见识秦罗敷的美,却实实在在认定她是个天仙样的人物了,这就是侧面烘托的力量。

两个女儿,长得跟她娘像一个模子里托出来的。眼睛长得尤其像,白眼珠鸭蛋青,黑眼珠棋子黑,定神时如清水,闪动时像星星。浑身上下,头是头,脚是脚。头发滑滴滴的,衣服格挣挣的。——这里的风俗,十五六岁的姑娘就都梳上头了。这两个丫头,这一头的好头发!通红的发根,雪白的簪子!娘女三个去赶集,一集的人都朝她们望。(汪曾祺《受戒》)

"一个模子里托出来""头是头,脚是脚""头发滑滴滴的,衣服格挣挣的",这些极具特色的语言,出自作者的家乡高邮。方言化的描述,将英子母女三人的淳朴健康、活泼灵动都写出来了。最后一句"一集的人都朝她们望"更烘托出这种健康淳朴之美的感染力。

你学会了吗?

下表为外貌描写思维路径。

神韵特点（形容词概括）	外貌描写点	描写顺序	适当修饰（表现其特点的形容词/修辞手法）	连句成段	添加情境
	1				
	2				
	3				
	4				

【刻意练习】

练习1：根据上表，用文字绘一幅自画像。

练习2：请你选择一位生活中熟悉的人（家人、同学、老师），依据上表写一段外貌描写。写完之后，请自己的描写对象进行点评。

练习3：忙碌的生活中，父母是我们坚强的后盾，是我们光辉灿烂时的背景墙。但不要忘了，父母也有青春，也有青春故事。找一找父母家人的老照片，描写出来，一起感受父母的青春年华。

第二讲　语言描写：对话，不是两个聪明脑壳打架

有的作文，人物不会说话，只静悄悄地做事，患了"哑巴"病。有的作文，人物一说话，就是人生哲理。最常见的便是"喝茶说"，爷爷边冲茶边告诉"我"冲茶的道理："先苦后甘，人生也是这样啊！吃得苦中苦，方为人上人。"然后"我"恍然大悟，开启人生新征程。每次看到这样的对话，就有一种千年老梗的感觉。问到小作者，你爷爷真这样说话吗？他们往往带着一丝狡黠的笑容告诉我："不会，但是这样点题呀！不然后面的主题会很怪异啊。"你看，人物语言是为了符合题旨编造的，不是人物自己的语言。

当代著名作家汪曾祺也曾犯过同样的错误。汪曾祺最初进行小说创作时，竭力想把对话写得美一点，有诗意，有哲理。他的老师沈从文先生说："你这不是对话，是两个聪明脑壳打架！"从此汪曾祺才知道，对话就是人物所说的普普通通的话，要尽量写得朴素。不要哲理，不要诗意，这样才真实，就如托尔斯泰所说："人是不能用警句交谈的。"

我们不能再入"两个聪明脑壳打架"的坑了，应牢记语言描写的第一原则——"什么人说什么话"。人物语言要符合他的身份特点。农民有农民的语言，军人的语言有军人的特点，小孩

子说的是小孩子的语言。

他们又故意的高声嚷道:"你一定又偷了人家的东西了!"孔乙己睁大眼睛说:"你怎么这样凭空污人清白……""什么清白?我前天亲眼见你偷了何家的书,吊着打。"孔乙己便涨红了脸,额上的青筋条条绽出,争辩道:"窃书不能算偷……窃书!……读书人的事,能算偷么?"(鲁迅《孔乙己》)

我们都知道,"偷"和"窃"本质上没有区别,只是"窃"字更书面化,更文雅些。从孔乙己的辩白中,我们可以看到一个连书都买不起的穷书生和一个自视甚高的读书人的矛盾合体。

她还教我怎么逃过男生们的欺负,通常玩躲避球时,敌国的男生都十分默契,一定先打死其他人,把场子空出来,最后才全力攻击我。她虽为敌军,却很护我,大叫往左、往右、趴下,但我仍然被球砸到,衣服上一团大球印。她看我这么不成材,打定主意叫我下回跑出场外"自动求死"。有时,被欺负得心头很酸,不免吸鼻子掉眼泪,她就说:"我替你报仇!"她的报仇方式很简单,回头狠狠地瞪男生一眼。(简媜《寻找薄荷的小孩》)

读到"我替你报仇",不禁会心一笑,这是小孩子的语言,也是我和我的小伙伴说过的旦旦誓言。"她的报仇方式很简单,回头狠狠地瞪男生一眼。"这样无力的反击更让人觉得亲切和可爱,童年的情谊就在这样的语言中留下让人难以忘怀的痕迹。

留小儿最常问的还是天安门。"你常去天安门?""常去。""常能照着毛主席?""哪的来,我从来没见过。""咦?!他就生在天安门上,你去了会照不着?"她大概以为毛主席总站在天安门上,像画上画的那样。有一回她趴在我耳边说:"你冬里回北京把我引上行不?"我说:"就怕你爷爷不让。""你跟他说说嘛,他可相信你说的了。盘缠我有。""你哪儿来的钱?""卖鸡蛋的钱,我爷爷不要,都给了我,让我买椹椹儿的。""多少?""五块!""不够。""嘻——我哄你,看,八块半!"她掏出个小布包,打开,有两张一块的,其余全是一毛、两毛。那些钱大半是我买了鸡蛋给破老汉的。平时实在是饿得够呛,想解解馋,也就是买几个鸡蛋。我怎么跟留小儿说呢?我真想冬天回家时把她带上。可就在那年冬天,我病厉害了。(史铁生《我的遥远的清平湾》)

对话中的"我"是一个到陕北插队的北京知青,留小儿是"我"在插队时一起放牛的破老汉的孙女。这一段直接将两人的一问一答连接起来,透过对话,我们不难发现两人不同的特点。留小儿生活在贫穷落后的陕北,却对外面的世界充满无限渴望,无限向往天安门和毛主席,天真又淳朴。话语中的"引上"(带上)、"照着"(见到)是陕北地方方言,带有不可磨灭的身份印记。

我们在实际写作中,如何提升自己的语言描写能力呢?除去关注人物身份之外,写好提示语很重要。提示语不仅仅提示读者是谁在说话,也可加入人物说话时的语气、表情、动作,使情境更真实。

1. 避免一"说"到底,写好关于"说"的提示语

声音有大小、强弱等诸多变化,"他说"这个简单的提示语

并不能体现这些变化，因此在描写对话时，为避免"一说到底"的单调，我们可以尝试换掉"说"，用更加具体的词语来表达。

"明天要早起，收拾好就到学校去，这是你在小学的最后一天了，可不能迟到！"爸爸叮嘱我。

"说"很平淡，"叮嘱"很温暖，语重心长，饱含期望。

最小的那个孩子叫道："你们看那只新来的天鹅！"

"叫"字，声音很高，体现了孩子看到天鹅时的兴奋、激动。

"快来呀！"杰里冲着我大喊——他是我最好的朋友，"就因为你过去生病，所以就要当胆小鬼？这没道理。"

"大喊"声音很大，杰里希望"我"能够突破自我。

"喂，等等我。"我哑着嗓子说。

"哑着嗓子"，突出"我"的胆小怯懦。

"那只羚羊哪儿去啦？"妈妈突然问我。

"问"声音较大，体现了妈妈的着急，气势逼人。

不同的语境，不同的表示"说"的词语，更能体现人物的心情，也更能表现人物的个性特征。

2. 加入有关声音细节的提示语

（1）听细节。写好人物语言的第一步，首先是"用耳朵"好好听别人说话。为什么强调用耳朵听话呢？我们习惯了用眼睛来观察外在形象，对声音没有那么敏感。现在我们关闭视觉这一通道，学着用耳朵仔细听一听，不仅要记录说话的内容，而且要去分辨声音的大小、清浊、高低、强弱等变化，这样往往就能发现很多被忽略的写作角度。下笔时，加入合适的提示语，会让情境更真实。

其时进来的是一个黑瘦的先生，八字须，戴着眼镜，挟着一叠大大小小的书。一将书放在讲台上，便用了缓慢而很有顿挫的声调，向学生介绍自己道："我就是叫作藤野严九郎的……"（鲁迅《藤野先生》）

藤野先生讲话很有特点，"缓慢而很有顿挫"，慢慢讲，语调却很分明。鲁迅先生用两个形容词让藤野先生的话语如在耳边，这样精准的提示词让读者在记忆库里有了更精准的对应语气。"我就是叫作藤野严九郎的……"一句话点明他知道坊间关于他不拘小节的各种传闻，却一点也不以为意，以大方介绍自己来回应传闻，一个有趣的灵魂就出来了。后来鲁迅回忆起来，都会想起他抑扬顿挫的声调来，可见这语调的感染力。"每当夜间疲倦，正想偷懒时，仰面在灯光中瞥见他黑瘦的面貌，似乎正要说出抑扬顿挫的话来，便使我忽又良心发现，而且增加勇气了。"

"喂，等等我。"我哑着嗓子说。

"再见啦！看你就像滑稽画里的小人儿。"他们中的一个说道，其他的则哄堂大笑。

"但是我不能……我……"这句话刺激了他们，他们开始嘲笑我，发出嘘声，然后继续向上爬，这样他们就可以从崖顶绕道回家。在离开之前，他们向下盯着我看。（莫顿·亨特《走一步，再走一步》）

文中的"我"体弱怯懦,跟随伙伴攀登悬崖,由于害怕,"哑着嗓子"乞求伙伴们不要把"我"一人丢在后面,却换来同伴的嘲笑。这段对话画面感非常强,提示语起了至关重要的作用。"哑着嗓子",说明"我"体弱,爬上悬崖时已气喘吁吁,也看出"我"的胆小,慌乱中急切地想要得到同伴的鼓励和陪伴。"哄堂大笑""嘲笑""发出嘘声",伙伴的声音让"我"更加孤立无援。这样简单的对话场景将人物的处境交代得清楚明白。

听人物说话,关注人物的声音特点、语气特点以及说话内容。例如:

①他的声音有什么特点?(可参考角度:声音大小,声音快慢,音质清脆或浑浊,音高嘹亮或低沉)

②他的语气有什么特点?带着什么样的情绪?(缓慢或急切,不耐烦或心平气和)

③他说了什么话?哪句话让你印象深刻?给你什么感受?

除了学会"听"话,还须学会"看"话。"听"话,最重要的是语言的内容,也就是人物说了什么话。可如果单单从人物说的话来判断其情绪和内心,还不够,因为我们有时也会言不由衷。这时我们还须借助眼睛来协助观察,人物是在什么情景下说的话,有没有附带的表情和动作,表情和动作的潜台词又是什么。透过这些细节,我们能更好地了解人物的内心。

(2)看表情。每个人说话的时候,都带着不同的表情。冷漠的、鄙夷的、羡慕的……表情的背后是复杂的心理。对比下面两个小文段,说说关于表情的提示语有什么作用。

A. 他们又故意的高声嚷道："你一定又偷了人家的东西了！"孔乙己说："你怎么这样凭空污人清白……"

B. 他们又故意的高声嚷道："你一定又偷了人家的东西了！"孔乙己睁大眼睛说："你怎么这样凭空污人清白……"（鲁迅《孔乙己》）

第一个文段没有表情提示语，就他的语言我们可以推想孔乙己也许是遭人冤枉后义正词严地辩解，这句话的语气可以是委屈的，也可以是义正词严的。第二个文段我们却可以读出更多的信息：孔乙己面对众人嘲笑和逼问时的窘迫，被人突然揭了疮疤，心里着急，不知如何开解，睁大眼睛来掩饰自己的慌乱。一个自欺欺人、极爱面子的孔乙己形象就出来了。

"什么清白？我前天亲眼见你偷了何家的书，吊着打。"孔乙己便涨红了脸，额上的青筋条条绽出，争辩道："窃书不能算偷……窃书！……读书人的事，能算偷么？"（鲁迅《孔乙己》）

在无可辩驳的情形下，孔乙己仍在强词夺理，极力维护自己读书人的斯文形象。鲁迅先生让我们看到了一个怎样的孔乙己呢？"涨红了脸"：被人当众揭穿的气恼和羞愧。"额上的青筋条条绽出"：焦急和愤怒。表情提示语，可以将语言里隐藏的心理画出来，也能使读者"看见"人物的情绪。

（3）看动作。人物在说话时，有时也会有相应的动作。在提示语部分，加入对人物动作的描写，能够使画面感更直接，情境更真实，同时也是人物形象刻画的又一推力。

他和我走到车上，将橘子一股脑儿放在我的皮大衣上。于是扑扑衣上的泥土，心里很轻松似的。过一会说："我走了，到那

边来信！"我望着他走出去。他走了几步，回过头看见我，说："进去吧，里边没人。"（朱自清《背影》）

"扑扑衣上的泥土""走了几步，回过头看见我"，一个尽力为儿子付出的父亲，一个舍不得和儿子分别的父亲，就在这简单的动作中显露出来了。

请你做"听话"实验时，带上你的眼睛，选择有用的表情和动作，将你觉得能够反映人物内心的细节记录下来。

【刻意练习】

练习1：一天之中，你可以听到老师、同学、家人说话，也可以听到保安或卖早点的大叔大婶说话。请你选择一个描写对象，听他们说话，并用一串精练的语言将人物的声音特点、语气特点、说话内容以及表情和动作记录下来，可以是单人说话，可以是对话，重点是将当时的情境真实地展现出来，展现人物个性。

描写对象	说话内容	提示语（表情/动作/综合）	添加情境，连句成段

第三章　技能篇——人物描写

练习2：根据提示语的种类改写句子，使之更形象生动。

悟空说："妖怪，哪里逃！"

（1）表示"说"的提示语：

_____

（2）表情提示语：

_____

（3）动作提示语：

_____

（4）综合性提示语：

_____

第三讲　神态描写：画家绘不出的脸部动态风景图

神态描写，是指人物在不同情境下的表情变化。与外貌描写不同，外貌描写关注的是人物的面部特征，如眼睛的大小、形状、颜色，它是静态的，而神态描写关注的是表情，是动态的风景。就如匈牙利美学家巴拉兹说："一位画家能够画出一张羞红的面孔，但他决不能画出一张苍白的脸由于羞愧而慢慢地变成玫瑰色；他能画出一张苍白的面孔，但他决不可能画出脸色变白这一富有戏剧性的现象。"

人类的面部由44块肌肉组成，这些组织相互关联，相互作用，可以做出推、拉、扭曲各种动作，摆出足以让人吃惊的5000个表情来。表情是人物内心的镜子，每当我们要表现人物的喜怒哀乐时，就会写到人物的表情，开心就笑，难过就哭。这些表达没有什么错，但不够深入，人物形象平面呆板、毫无生机。如何透过表情刻画鲜明的人物形象呢？

1. 关注脸部的细微变化

描写角度包括人的"脸色""脸色变化""眼睛""眉毛""眉头""嘴唇""泪珠"。其中，"脸色"和"眼睛"是描写重点。仔细观察，在描写人物时结合具体情境综合运用。

（1）脸色变化＋眼睛：

我父亲脸色早已煞白，两眼呆直，哑着嗓子说："啊！啊！原来如此……如此……我早就看出来了！……谢谢您，船长。"（莫泊桑《我的叔叔于勒》）

发愣的眼神、煞白的脸色、语无伦次的语言，生动刻画出父亲认出于勒之后内心的巨大恐慌与美梦幻灭的悲痛。

（2）脸色＋眼睛＋眼泪＋眼光：

她仍然头上扎着白头绳，乌裙，蓝夹袄，月白背心，脸色青黄，只是两颊上已经消失了血色，顺着眼，眼角上带些泪痕，眼光也没有先前那样精神了。（鲁迅《祝福》）

一个悲惨的妇人形象就出来了。

（3）脸色＋嘴唇：

当花轿来到我们的破门外的时候，母亲的手就和冰一样的凉，脸上没有血色——那是阴历四月，天气很暖。大家都怕她晕过去。可是，她挣扎着，咬着嘴唇，手扶着门框，看花轿徐徐的走去。（老舍《我的母亲》）

"脸上没有血色""咬着嘴唇"两处神态描写表现了母亲对女儿的不舍，却又不能阻止女儿离自己而去的复杂矛盾的心情。

2. 聚焦情境，动静结合

对比以下两个文段：

A. 母亲脸色疲惫，眼眶凹陷下去，眼睛显得更加深邃。

B. 她（母亲）转过身站起来，拿着高香的手在微微颤抖，似是一个做错了事等挨骂的孩子。她抬起头，不好意思地给了我一个微笑，嘴角有些抽动，一笑起来嘴边的法令纹显出来，眼角的鱼尾纹竟也刻了出来。或许是早起的缘故，她脸色疲惫，与多年前照片上净白水嫩的姑娘截然不同。（学生作品《原来迷信也是爱》）

第一个文段是静态地描写脸色和眼睛，没有具体的情景，人物特点较为模糊。第二个文段通过"嘴角有些抽动""法令纹显出来""鱼尾纹竟也刻了出来"这三个动态的画面，展现了一位疲惫不堪却一心为儿子着想的母亲形象。

写人时不可一味做静态描写，好的神态描写往往能产生极强的画面感，在情境中让人物的情感从神态、动作中自然地流露出来，这样更具感染力。

【刻意练习】

练习1：观察一个小朋友哭闹时的表情，并进行描写。

_____

_____

_____

练习2：选择一个特定的情境，观察并描写一位老师的表情。

_____

_____

第四讲　动作描写：连续动作，让画面不再模糊

动作是一个人的身体随着环境做出的各种反应，是人物个性的具体表现。

学生作文刻画人物时会用到动作描写，但有两大缺陷：一是写动作，动词却用得很少。例如："他发了一个旋球，让人眼花缭乱。"二是动作笼统，没有画面感。例如："我和爸爸下棋，经过几轮拼杀，我终于赢了一回。"复杂的过程用"几轮拼杀"草草带过。

今天要教的便是如何克服这两大问题，写出漂亮的动作描写。肖像、表情等描写主要是描绘人物的静态，动作描写贵在确切生动地表现人物的动态。

如何写好动作描写呢？

首先，观察。观察一个人的动态，包括他的全身及局部，如手、腰身、腿部、脚的动态。其次，用文字还原动作。在还原动作时，有以下三个写作技巧。

1. 要写出连续动作

在写人作文中，我们需要描绘一个具体的动态情境来表现人

物时,不要概括地一笔带过,而要细致地写出人物的连续动作,好让读者脑海中有一个完整清晰的画面。

我们已经点开船,在桥石上一磕,退后几尺,即又上前出了桥。于是架起两支橹,一支两人,一里一换,有说笑的,有嚷的,夹着潺潺的船头激水的声音,在左右都是碧绿的豆麦田地的河流中,飞一般径向赵庄前进了。(鲁迅《社戏》)

"点""磕""退后""上前""架",一连串的动作,充分展现了小伙伴划船的娴熟和内心的雀跃。

我看见他戴着黑布小帽,穿着黑布大马褂,深青布棉袍,蹒跚地走到铁道边,慢慢探身下去,尚不大难。可是他穿过铁道,要爬上那边月台,就不容易了。他用两手攀着上面,两脚再向上缩;他肥胖的身子向左微倾,显出努力的样子。这时我看见他的背影,我的泪很快地流下来了。(朱自清《背影》)

"蹒跚地走""慢慢探身",两个动作就写出了父亲的老态。随后手"攀"、脚"缩"、身子"微倾",三个连续动作,一个颓唐却一心只为孩子买橘子的老父亲形象跃然而出,作者的情感波澜就此推上高潮。这样的描写让读者"看见"并感动着,让读者"看见"画面归功于作者的动作描写。

方法总结:在运用动作描写刻画人物形象时,把握先后顺序,写出连续动作,让读者"看见"一个具体的动态画面。

2. 增添修饰词,细化动作

在上一个例子中,有一些词语不显眼,但是很重要。"蹒跚地""慢慢",这些修饰词能够细化动作,将动作的幅度、快慢、状貌形容出来,让读者感受到一个更加具体的画面。

  我着迷的是奶奶包粽子的过程,三层粽叶错落着搭好,轻轻展开、抹平,两手轻轻一弯,便弯出小小的圆锥形状,一撮米添在尖尖的角里,捏三颗红枣点在米中,再一撮米盖在上面。奶奶不会让枣露出米外,于是红枣的汁液不会流出,全都浸在米里,不放糖,却更香更甜。奶奶的大手紧紧捏着盛满馅的粽叶,一根线绳紧紧绕过,缠两圈,系住,便成了一个精巧的粽子。(韩逸萌《奶奶的粽子》)

  两个"轻轻",两个"紧紧",将奶奶包粽子时细心而娴熟的动作描写得更加细致。

  方法总结:选择恰当的形容词修饰动作,能让动作更具体。

3. 选择最具画面感的动词

  比较下面两个句子,分析哪个句子更好。
A. 一只鹰在空中移来移去。(阿城《峡谷》)
B. 一只鹰在空中盘旋。(修改版)

  两个句子表达的是相同的意思,但是"盘旋"的画面感没有"移来移去"好。"移来移去"更直接,也说明大鹰飞得极高。我们只看到它在天空中"移来移去",但我们可以在脑海里直接找到对应的非常清晰的画面。

  对比下列两个文段,说说哪一组动词用得最贴切。(情境:上课迟到后偷偷溜进教室)

A. 老师背对着他，正给前排的同学讲解题目。这真是个好机会！他蹲下身去，蹑手蹑脚走进后门，挨着墙壁如小偷般一步一步往自己的位子走去。

B. 老师背对着他，正给前排的同学讲解题目。这真是个好机会！他伏下身子，蹑手蹑脚飘进后门，贴着墙壁如小偷般一步步往自己的位子挪去。

对比之后你会发现，第二个文段中的动词更具体、更贴切，写出了一个迟到后动作又轻又小，生怕被发现的调皮可爱的学生形象。

鲁迅先生在写孔乙己和阿Q掏酒钱的动作时，选用了不同的动词，借此来凸显不同的个性特点。

A. 对柜里说："温两碗酒，要一碟茴香豆。"便排出九文大钱。（孔乙己）

B. 他走近柜台，从腰间伸出手来，满把是银的和铜的。在柜台上一扔说："现钱！打酒来！"（阿Q）

"排"，表现了孔乙己在极强的虚荣心的支配下的装腔作势。"扔"，把阿Q愚昧无知却神气十足、得意忘形的形象写得活灵活现。

只要用一个精准的动词，人物形象就立起来了。因此，要塑造出"仅此一个"的人物形象，就要在"唯一"的情境中抓住"唯一"的动词。

法国作家福楼拜的作品，语言特别精雅，因为他极端重视词语的精准。他有这样一段名言："我们不论描写什么事物，要表现它，唯有一个名词，要赋予它运动，唯有一个动词，要得到它的性质,唯有一个形容词。我们必须继续不断地苦心思索,非发现这个唯一的名词、动词和形容词不可,仅仅发现与这些名词、动词或形容词相类似的词句是不行的,也不能因为思索困难,就用类似的词句敷衍了事。"

因此,我们在平时的阅读过程中,要多积累动词;在下笔描写时,要多推敲动词,争取写出"唯一"的动词。

【刻意练习】

练习1:观察一次拔河比赛,进行描写。(群体:神态+动作+场面)

_____
_____
_____

练习2:观察一次民俗活动并进行描写,如划龙舟比赛、舞醒狮、包粽子等。(群体:神态+动作+场面)

_____
_____
_____

练习3:观察一位同学吃饭的样子,并描写下来。(个人:神态+动作)

_____
_____
_____
_____

第五讲 心理描写：那一刻，我在想什么，他在想什么

心理描写是指对人物在一定环境中的内心活动进行的描写。这里所涉及的心理描写包括自己的心理以及他人的心理。当然，我们只能知道自己的心理，他人的心理无从得知，因此我们常常需要根据自己的反应来推知他人的心理，这需要我们有相当的同理心和移情力。

在学生作文中，大多用表示心情的词语概括地表达自己的心理，不够生动具体，因此今天要学习运用多种手法写自己的心理和他人的心理。

1. 我在想什么

（1）内心独白。为什么要描写一个人的心理？是为了让读者知道并且感同身受，内心独白是最直接的一种方式。直接写出人物的所思所想，让人物毫无遮掩地吐露心声，说出他的欢乐和悲伤、忧虑和希望，使读者穿透外表，看到人物的内心世界。如何写好内心独白呢？下面介绍两种方法。

①内心独白之回忆与联想。"我高兴了""我很悲伤"，抽象的情感概括无法将感受具体地传递给读者，因此，将自己高兴、

悲伤的心理过程呈现给读者是一个很好的办法。

当当当,钟声响了,毕业典礼就要开始。看外面的天,有点阴,我忽然想,爸爸会不会忽然从床上起来,给我送来花夹袄?我又想,爸爸的病几时才能好?妈妈今早的眼睛为什么红肿着?院里大盆的石榴和夹竹桃今年爸爸都没有给上麻渣,他为了叔叔给日本人害死的事,急得吐血了,到了五月节,石榴花开得没有那么红,那么大。如果秋天来了,爸爸还要买那样多的菊花,摆满在我们的院子里、廊檐下、客厅的花架上吗?(林海音《爸爸的花儿落了》)

作者如何呈现爸爸生病后"我"感到悲伤的心理呢?作者联想了可能发生的一切好的事情,也回忆了发生的不好的事情:妈妈眼睛红肿,爸爸急得吐血,石榴花没有开得那么红、那么大等。

方法总结:回忆和联想,可以让心理独白更加具体生动。

②内心独白之五味杂陈。有时我们的心情很复杂,可谓是五味杂陈,如何表达呢?

我几乎还不会作文呢!我再也不能学法语了!难道这样就算了吗?我从前没好好学习,旷了课去找鸟窝,到萨尔河上去溜冰……想起这些,我多么懊悔!我这些课本,语法啦,历史啦,刚才我还觉得那么讨厌,带着又那么沉重,现在都好像是我的老朋友,舍不得跟它们分手了。还有韩麦尔先生也一样。他就要离开了,我再也不能看见他了!想起这些,我忘了他给我的惩罚,忘了我挨的戒尺。(都德《最后一课》)

文段中的"我"懊悔没有好好学习法语,舍不得"我"的法语课本，原谅韩麦尔先生曾经给"我"的惩罚。

方法总结：表达复杂心理时，分述各个层面的心理感受。

（2）藏情于景。有时，我们并不将内心的感受直接说出来，我们还有一种更加含蓄的方式——藏情于景。

路边有很多凤凰木，绿意沉沉，叶子在风中无端地摇摆。很多人家的阳台上的三角梅垂下来，开着大片鲜亮的紫红色花朵，枝枝蔓蔓，却点亮不了我的眼睛。

这是失意时的风景。

路边有很多凤凰木，绿意浓浓，叶子在风中欢快地摇摆。很多人家的阳台上的三角梅垂下来，开着大片鲜亮的紫红色花朵，空气中飘浮着清凉如泉水般的气息。

这是得意时的风景。

以上两个示例，景美情好，景悲情悲，情景和谐。

路边有很多凤凰木，绿意漫漫，叶子在风中欢快地摇摆。很多人家的阳台上的三角梅垂下来，开着大片鲜亮的紫红色花朵，枝枝蔓蔓。可生机与活力都是它们的，我什么也没有。

这是失意时的风景，风景甚美，我心悲伤。与前两个示例的"情景和谐"不同，景和情之间有反差，称之为"情景反差"。就如"我考试失败伤心"，可"周围都是明亮的阳光，蔚蓝的天空，同学亮敞的笑声"，利用情景反差表达的情感更丰富。

2. 他在想什么

(1) 综合描写表达他人心理。他人的心理,我们要有共情心理才能推知。譬如朱自清先生《背影》中的表达:

过一会说:"我走了,到那边来信!"我望着他走出去。他走了几步,回过头看见我,说:"进去吧,里边没人。"

这一处语言和动作描写表现了父亲什么样的心理?一个不善言辞的父亲舍不得与儿子分别的心理。

有时无须用语言,人物的情绪透过动作就全部说出来了。

他转身朝着黑板,拿起一支粉笔,使出全身的力量,写了几个大字:

"法兰西万岁!"

然后他呆在那儿,头靠着墙壁,话也不说,只向我们做了一个手势:"放学了,——你们走吧。"(都德《最后一课》)

"拿起""使出""写""靠""做了一个手势",韩麦尔先生一字未说,但仍表现了他极度的沉痛悲愤,表现了他强烈的爱国之情。

方法总结:在作文中,我们极少单一地运用某一种人物描写方法,而是抓住某一情境下的动作、语言、神态进行综合性描写,表现人物心理。

(2) 设身处地地想象。这是比较少见的一种方法,但我觉得很有必要介绍给大家。在一篇名为《妈妈感冒了》的文章中,如何描写妈妈感冒后的心理呢?作者用了这样几个句子:

妈妈的房间又静了下来。但是房间里让人感觉空荡荡的。妈妈在床上翻来覆去。席子不再凉爽了。妈妈默默地躺在那里，聆听着家里的各种声响，她有一点儿被遗忘的感觉。她心情变得很糟！

作者用的是第三人称，却把自己当成"妈妈"，设身处地地感受妈妈的感受，体会感受背后的原因，彻底地理解人物，最后用语言表达出来。

方法总结：把自己当成"他/她"，设身处地地想象自己的场景。现在你就是这个人物，体验你作为这个人物的感受，强烈地体会这种感情，理解这个人物，并表达出来。

【刻意练习】

练习1：独自走在漆黑的小巷，我很紧张。（内心独白之回忆与联想）

练习2：月测成绩出来，我考得很糟糕。（内心独白之五味杂陈+藏情于景和谐法）

_____
_____
_____
_____
_____

练习3：与朋友发生矛盾的我，心情很沮丧。（藏情于景反差法）

_____
_____
_____
_____
_____

练习4：妈妈送我上学后独自回家时的心情。（综合描写法+想象法）

_____
_____
_____
_____
_____

人物综合写作课

系统的人物描写训练之后,是以人物描写为主要技法的专题写作训练,分为三个写作专题:"多事一人""事物线索""先抑后扬"。每个专题分四个环节解析:唤醒——写作素材、决定——文章结构、分享与修改——查漏补缺、佳作欣赏——展示。

专题1 多事一人:写出人物不同面

写作任务:写一个让你印象深刻的人,可以是你熟悉的人,也可以是偶然见到的陌生人,选择不同的恰当的事例写出人物的个性。600字以上。

1. 唤醒

话题:一个印象深刻的人,其实是一个很抽象的概念,很难把握。你之所以对一个人印象深刻,是因为这个人特点鲜明。他可能是生活中你熟悉的人,也可能是偶然见到的陌生人,但是只要想到他,你就会有一种很鲜明的印象,这就是印象深刻。譬如:你身边有没有很泼辣的人、很具幽默感的人、做事尽职尽责的人、话超多的人、很痴迷于玩电脑的人、痴迷于读书或科学实验的人？这些都是一个人的特点，而这些特点是通过生活的细节看出来的。请写一个让你印象深刻的人，用3～4个关键词来概括人物特点，并列举相应的3～4个生活细节来佐证人物特点。

以小组为单位分享自己的创作想法，同学们就三个问题进行分析："哪些人物关键词比较恰当？（不刻意贬低或攻击他人）""列举的事件是否能够表现人物个性？""关于事件的前前后后还想要了解什么？"第一、第二个问题帮助学生从读者的角度确定人物特点及典型事例，第三个问题帮助学生进行"亮点"提升，细化生活细节，并确定人物描写方法。分享过后进行素材的再提升，并填好表格。

印象深刻的人	个性关键词	典型事例	人物描写方法

上表能够让学生更加明确写作方向，学会选择恰当的事例来反映一个人的特点，并通过各种人物描写方法细化细节。

2. 决定

在确定了素材之后，学生要确定记叙顺序，保证文章结构清晰。记叙顺序可采用顺叙手法，将读者直接带入情境中，也可以选择倒叙手法,回溯过往。

在学生初步完成作文之后,提醒学生就文章中需要深入的部分查找资料并采访相关人员,以丰富素材,进一步完善作文。

3. 分享与修改

学生在班级展示自己的作品,师生就三个主问题进行讨论并修改。

问题1:作者笔下的人物特点是什么?作者表述是否清晰?

问题2:作者列举的生活细节之间是什么逻辑关系?是否属于同质素材?

明确:作者列举的事例须指向主题,有联系的同时要有差异,这样才能保证文章内容丰富。

问题3:作者运用了哪些人物描写方法?很具表现力的句子有哪些?

4. 佳作欣赏

麦田里的守望者
蒋昀彧(初二)

如果说,我们是未成熟的麦子,那您便是麦田里的守望者。

晨曦微露,天空中刚刚挂起蓝布,一阵"叮叮"的起床铃声,仿佛吹响了进攻的号角,我们飞也似的冲出了宿舍,却惊奇地发现您笑嘻嘻地站在食堂下面,与我们热情地打招呼。我在心中默默估算了一下时间,您至少得5点30分起床才能赶到学校。

"瞧瞧,一个个跟个猴儿似的,多大了,也不会自己照顾自己,多吃点这个……"望着手中的早餐,想起那略带责怪的话语,我心头荡漾起一阵温暖。

老师,如麦田里的守望者,在麦苗生机萌发之时,细心浇灌。

青春飞扬,与诗为伴。您正站在讲台之上,镜片下隐藏不住您眼中睿智的光芒。只见您左手拿着书,右手拿着粉笔,妙语连珠:"这说的是大诗人孟浩然,命运那叫一个坎坷啊,只怪他这个人不会说话,'不才明主弃',唐玄宗一听,我不曾抛弃过你啊。只因吟了一首发牢骚的诗,孟浩然便一辈子与官场说再见了。"那惟妙惟肖的表情,令人忍俊不禁的话语,台下一片笑声。我们的知识也在幽默的语言中逐渐增加。

老师,如麦田里的守望者,于夏日午后,洒下一片知识的暖阳。

心静如水,方能成才。考试前夕,您站在台上认真讲解考点,然后便转身写下四个字——"静能生慧",教室里一片平静。

晚自习正默默地进行着,您背起书包,对大家说:"你们好好写作业,我回家啦!"沉默了几秒,突然,全部人像疯了一样,全然没有了沉稳的样子。

这时,后门悄悄地打开了……

"同学们,惊不惊喜,意不意外!别装了,我偷偷绕了个圈,想考验你们,没想到啊!"我们都垂下了头,心里感到羞愧。"骄傲使人轻浮,谦虚使人沉稳,所以麦田里的麦子都不一样,空心的麦子把头高高扬起,而成熟的麦子则轻轻地把头低下。知道吗?"您的声音很小,但异常有力。

麦田,我们,渐渐重归平静。

老师,如麦田里的守望者,在秋风拂过之时,教我们垂下高傲的头,在收割前沉淀成丰满的麦穗。

老师啊——您永远是那麦田里的守望者。

点评时间:

[我是霸道主题咖]

作者记叙了三个生活细节,刻画了一个幽默、智慧的语文老师形象,表达了对老师的崇敬之情。

[我是严谨结构君]

采用统领句的形式串联全文,排比句统领三个事件:

"老师,如麦田里的守望者,在麦苗生机萌发之时,细心浇灌。"

"老师,如麦田里的守望者,于夏日午后,洒下一片知识的暖阳。"

"老师,如麦田里的守望者,在秋风拂过之时,教我们垂下高傲的头,在收割前沉淀成丰满的麦穗。"

从不同侧面表现了老师三个不同的特点,结构严谨,逻辑清晰。

[我是炫酷句子迷]

(1)比喻恰当,贯穿全文,构思巧妙。

作者将学生比作"未成熟的麦子",把老师比作"麦田里的守望者"。通过老师如春雨般的浇灌、暖阳般的照耀、秋风般的警醒,"麦子们"一点点成熟起来。贯穿全文的比喻,既对应每一个事件,又文采斐然。

(2)人物描写方法丰富恰当。

作者灵活运用语言描写与动作描写,画面感较强。

当归当归,还旧乡
张敏捷(初三)

爷爷去世很久后,我还是会记得那首童谣在那个被泪水淋湿的送行的雨天里,响了多少回。而爷爷的坚守,我也不会忘。

不同于奶奶的重男轻女,爷爷最疼我。他总是把我抱着,让我坐在他腿上玩。每天他都带着我打理门前的菜园,哼着小曲儿,喂几口家乡酒,晃悠悠地喂喂鸡鸭。小叔叔想要这块地,爷爷扯高嗓子,瞪着眼睛嚷着:"走开!别想动我老头子的菜园!"说罢挥挥他的大巴掌,气得吹了吹胡子,背着我往回走,愤愤地说:"地在人在,丫头你可别学你叔!"这是爷爷对土地的执着,他相信一块地的存在,不会让人迷失。

除了对菜园有古怪的执着外,他还很喜欢用老圆木桌吃饭。每到佳节,他总是要打电话把儿女后辈们都叫回家,然后从他房间里滚出一张和床差不多大的圆桌子,圆圆的,旧旧的。每顿饭开始之前,他都要说:"围着桌吃饭啊,团团圆圆,没病没灾,没事常回家看看!"如果有人不上桌吃饭,不管大人还是小孩,他都非要揪起那人的耳朵扯到桌旁才行。当热气升腾的饭菜被端上桌时,乳白色的雾气刷白了视线,暖黄的灯光让饭菜闪烁着诱人的光泽。大家动起筷子，聊着外出打拼的辛酸和收获、家乡的点点变化、儿时的故事……爷爷喝着酒，红光满面，看着大家满足的面庞，眼神温柔又明亮，不时发出洪亮的笑声。那是我第一次朦胧地懂得爷爷对圆木桌的坚守，这似乎是种传承。

我还记得堂屋的神龛上总摆着一个磬，常年沉默不语地躺着，孤寂而神秘。只有到了年关或七月半之类的节日才会被爷爷拭去灰尘，敲打起来，敲击时低沉肃穆的声音充满了神秘感。每到这种时候，我总是不敢出声，只是静静地看着一反常态的沉默的爷爷。他的目光柔和而虔诚，似乎穿越过厚重的时光与逝去的先人们在静穆中交流。在我离开故乡的前一天，爷爷让我向祖先们磕头上香，临走前才缓缓地对我说："丫头啊，总有一天你也要为我上香，上了香，就有了牵挂，年年青草时，记得要回来，让我们看看你的儿孙……还有，也要教他们，把那个磬敲响……"爷爷边说边用他温暖而宽厚的手掌抚摸着我的头，从此我便记下了这万里牵挂。

"儿远行，莫须忘。当归当归，还旧乡……"这是爷爷在我很小的时候就教会我唱的童谣，当时还不太懂，今时今日，想起那个菜园、那个圆木桌、那个磬，我一下子明白了爷爷的坚守，那是对故土、对传承、对牵挂的坚守。

今夕何夕，我又想起已故的爷爷和久别的故乡，那片片琉璃瓦，条条湿雨巷。

点评时间：

[我是霸道主题咖]

作者通过描写爷爷对土地的执着、对圆木桌的执着、对击磬的执着这三个生活细节，表现出爷爷对本心的执着、对家庭意义的执着、对子孙孝道的执着。文中的爷爷倔强又坚强，可亲可敬。细致的描写，表达了作者对爷爷的怀念之情。

[我是严谨结构君]

作者描写了三个不同的画面，表现了爷爷的精神品质，属于并列式结构，结尾总结抒情。

[我是炫酷句子迷]

（1）神态描写精彩，画面感极强。

作者三次写到爷爷的眼神，第一次是"瞪着眼睛"骂小叔，第二次是合家团圆时"眼神温柔又明亮"，第三次是击磬时"目光柔和而虔诚"，不同的神态表现出人物丰富的个性。

（2）场景描写，五感写作法应用到位。

"当热气升腾的饭菜被端上桌时，乳白色的雾气刷白了视线，暖黄的灯光让饭菜闪烁着诱人的光泽。大家动起筷子，聊着外出打拼的辛酸和收获、家乡的点点变化、儿时的故事……"这一切让整个场景真实可感。

特别的老爸

魏文浩（初三）

俗话说，父爱如山。我认为，我的这座山最特别。

父爱如山，山势回环，令人捉摸不透。老爸的心情如同火车绕行在回环的山中隧道，猜不透下一刻会出现什么风景。前一刻他还在咆哮："都快期末了，这么多功课没复习，今晚你复习到凌晨都得复习完它！"可当时钟"嘀嗒嘀嗒"走向11点时，他又会悄悄打开房门，轻声温柔地说道："剩一点明天早上做完它吧，想睡觉就上床吧！"虽然疑惑不解，却也匆匆钻进了被窝。老爸真奇怪！

父爱如山，山间雷雨轰隆，令人望而生畏。记得小学时，每次拿着"大作"给他"拜读"，换来的都是千篇一律的两个字——"狗屁"，或者四个字——"狗屁不通"，因此假期的几篇作文便成了我最大的噩梦。不仅如此，每次我因打架受伤痛哭，他都会毫不客气地火上浇油，说他最看不起男人的眼泪。每每考试考差回家，我更希望看到的是一张愤怒的脸。愤怒如暴雨，起码还有雨过天晴的时候，他不适当的平静才是最可怕的，用他的话说："一个人被自己的父母看不起是最差劲的！"这时的我在他面前，就好像雷雨将至时的小鸟，大气也不敢出，生怕一不小心触动了他易怒的神经，便换来一阵狂风暴雨，那种胆战心惊的感觉至今难忘。

父爱如山，山间微风，也会令人神清气爽。有时骂着骂着，他自己都会笑起来，弄得我不知用什么表情来配合。餐桌上，看到老妈不断地给我夹菜，他竟然会一脸不服气，挑一块大肥肉或者大鸡腿，一下子塞到我碗里，趾高气扬地望着老妈，看得老妈哭笑不得。不只如此，他哪天开心，便忍不住给自己倒一杯水果酒，喝了几口，觉得不过瘾，又急急地跑去拿出两个小杯子，给我和老妈各倒满满一杯："来，干杯！"自己"咕噜噜"喝了一大口,一脸陶醉,我和老妈在一旁被辣得龇牙咧嘴。唉!

父爱如山,大山稳重,让我放心往前奔跑。在我玩得不亦乐乎的时候,他会花两三个小时帮我在一干二净的政治书上画上知识点,用一行行不规整的小楷做补充说明,举一个个通俗的例子让我明白那些高深的知识点。在我蒙着被子呼呼大睡时,是他悄悄打开房门,睁着蒙眬的双眼修改白天被他骂得一文不值的作文。他眼里的血丝是因为我的贪玩,他脸上的笑意是因为我的进步。他嘴里的废物是我,心中的天才也是我。

这就是我特别的老爸。

点评时间:

[我是霸道主题咖]

作者描写了一位严格又慈爱的父亲形象,字字句句表达出对父亲的尊敬和爱意。

[我是严谨结构君]

作者以"父爱如山"总起,而后以四个分句串联细节:"父爱如山,山势回环,令人捉摸不透。""父爱如山,山间雷雨轰隆,令人望而生畏。""父爱如山,山间微风,也会令人神清气爽。""父爱如山,大山稳重,让我放心往前奔跑。"从不同侧面表现父亲的形象,结构严谨,构思巧妙。

专题2 事物线索:情感的钥匙扣

写作任务:选择一条事物线索描写一个让你印象深刻的人,写出人物的个性。600字以上。

1. 唤醒

学生阅读范文史铁生《老海棠树》，明确范例的写作技巧：设置一条清晰明白的事物线索来表现人物形象。通过提问细化范例特点。

问题：文章中的事物线索有什么特点？

明确：老海棠树是"我"印象中与奶奶紧密相关的事物。"奶奶和一棵老海棠树，在我的记忆里不能分开；好像她们从来就在一起，奶奶一生一世都在那棵老海棠树的影子里张望。"它是我们共同的情感载体。

唤醒体验：想一想，在你的印象中，有哪一样事物是与家人（爸爸、妈妈、爷爷、奶奶等）紧密联系在一起的？（兰花、酒、烟、单车、水烟、老人机、菜篮子等）

明确：线索可以是爱好，可以是与他紧密相连的一样事物。

唤醒故事：在你的印象中，和这个事物紧密相连的有哪些场景或让你印象深刻的故事？

学生分小组分享自己的创作，同学们就"他的表述中有没有让你觉得很棒或很不妥当的部分"进行分析讨论。老师就同学们的点评总结归纳部分同学创作想法的亮点和缺点，鼓励学生就自己的亮点进行更详尽的描写。

2. 决定

在确定了素材之后,学生确定记叙顺序,保证结构清晰。记叙顺序可采用顺叙手法,将读者直接带入情境中,也可以选择倒叙手法,回溯过往。

3. 分享与修改

学生习作反馈:
(1)事物在文章多次出现,但是与人物没有关系。
(2)线索设置恰当,但文章以线索为重点,人物沦为配角。(前文是亲情故事,结尾走向托物言志,单独赞美作为线索的事物)
(3)没有细致地描绘线索,与线索相关的场景不够清晰。
作文小组互评,互评问题如下:
(1)文章有线索吗?有几条线索?是什么?
(2)线索的字眼在文章中出现了几次?有无具体的描写?请画出来。
(3)线索与人物的关系如何?人物与线索的场景是什么?
(4)文章通过线索表达的主题是什么?是否清晰?
线索是文章人物的情感载体,因此设置线索须注意:
(1)线索要跟人物相关,能表现人物形象、表达主题。
(2)要细致地描绘线索,让读者有"感受"的细节。

4. 佳作欣赏

爷爷的水烟筒

梁宇轩（初一）

年年回家，都会看见爷爷安稳地坐在木椅上，安静地抽着水烟。今年回家却看不见了，爷爷已成为照片上的一个人，他以及他和蔼的笑容都凝固在照片里。

以前爷爷特爱抽水烟，寂寞时，无聊时，他都喜欢抱着他的竹筒，背靠在椅子上，用鼻子轻轻地发出阵阵的"呜呜"声。水烟筒的原理我不是很清楚，只知道样子像一个粗大的竹筒，上面连着一个细长的滤嘴，像一个夸张的、拉长的滤嘴烟，大小像一个中音萨克斯。

"看！"妈妈无意中找出一张照片，那是我7岁时在老家拍的，我还依稀记得当时的场景。爷爷当时平静地坐在长椅上，抽着水烟。他满头的白发随风轻轻地摆动，嘴巴有节奏地一收一紧，竹筒里的气体也随之一进一出，淡淡的，不像普通香烟冒出的浓密烟圈，倒像是锅盖里喷出的蒸汽。爷爷似乎很自在，不时用眼睛看下播放中的电视剧，不时用眼睛偷偷瞟一下看电视的我，开心自得。这一幕被妈妈看到了，她拿着手机把我们俩拍了下来，这成了他的第一张彩照。爷爷貌似很高兴，用力吸了一口气，想让水烟的烟更浓一点儿，可是没有成功，却逗得我哈哈大笑。

爷爷非常爱惜他的水烟筒，时常想让它更漂亮一点，休闲之时他便用毛巾擦水烟筒内部。水烟筒内部有一些被烟熏黑的地方，他便用刷子刷，用钢丝球刮，一遍一遍，不厌其烦。正巧用钢丝球刮的时候，被父亲看见了，父亲半开玩笑地对他说："坏了就换根新的吧，你个老小孩儿！"爷爷摆出一副要"教育"父亲的样子："这多贵呀，你一点也不节俭。"说到最后，他自己也笑了。其实这不贵，而且他现在不需要，也不用"教育"父亲了。他笑着笑着，又轻轻地咳了几下。

爷爷在我10岁的时候瘫痪了。两年内各种疾病磨灭了爷爷所有的生命力。爷爷去后，水烟筒孤零零的，似乎就连它也知道主人不会回来了，灰尘落在了它身上，蜘蛛网就织在它的头顶，连风也不会去吹动它，它不能用了。

偶然有一天，妈妈发现了它，开始对它进行清洁，它又重新变漂亮了，可不再有人去用它，也不再有烟雾在它上面飘浮了。

点评时间：

［我是霸道主题咖］

作者回忆了与爷爷生活的点滴，通过爷爷的水烟筒表达了对爷爷的怀念之情。

［我是严谨结构君］

倒叙，睹物思人，回忆起爷爷与水烟筒的细节。

［我是炫酷句子迷］

（1）细节动人。

"爷爷摆出一副要'教育'父亲的样子"，可后来反应过来，"他现在不需要，也不用'教育'父亲了"。儿女成长了，不需要父母的教育也是生命中的一种失落吧，而这失落被作者看在眼里。

"它又重新变漂亮了,可不再有人去用它,也不再有烟雾在它上面飘浮了。"人已逝,物还在。简单平易的文字有最深切的怀念。

(2)动作描写细腻。

"爷爷当时平静地坐在长椅上,抽着水烟。他满头的白发随风轻轻地摆动,嘴巴有节奏地一收一紧,竹筒里的气体也随之一进一出,淡淡的,不像普通香烟冒出的浓密烟圈,倒像是锅盖里喷出的蒸汽。"

单　　车

程一鸣(初一)

在我的记忆中,爷爷总是骑着一台有些老旧的单车出现。无论在哪儿,无论什么时候,只要看见一位骑着单车、穿着白布衫的老人,我就知道是爷爷。

爷爷的单车,是我上一年级时买的。开学前几天,一向节俭的爷爷突然要求买一辆单车接送我上学,他到商场看了许多辆单车,摸摸座椅,打打车铃,最后选了一辆在他看来最舒适的单车。

开学第一天,爷爷骑单车将我送去学校,在路上爷爷一直叮嘱我:"上课要认真听讲,作业要认真做,不会的题目要问同学……"等我到了学校,爷爷仍不放心,把单车往路边一靠,急忙跟上来,一直把我送到班里,才一步三回头地离开。放学时分,远远地听到"叮叮当当"的声音,我就莫名地心安,我知道是爷爷来接我了。

四年级时，脾气大且幼稚的我，有一次与妈妈争吵后离家出走，躲到了我们小区里一个十分隐蔽的小亭子里。我想着妈妈肯定会来找我，但妈妈竟一直没来，我从上午一直等到下午，天边的晚霞渐渐暗了，我的心沉了又沉。突然，一串铃声"叮叮当当"地响起来，从远到近。我朝那边看去，只见爷爷骑着他的旧单车正朝我走来，脸上带着笑容。"孙儿，你竟然藏在这个地方，害得我找了这么久，快点回去吧，认错就好了，走吧。"听了这话，我的心不知为何酸酸的，几乎没有任何感觉地飘了回去。叮叮当当，叮叮当当。

初一时，一次放学，爷爷照例来接我，我和同学走在路上，而爷爷骑着他那辆已经很旧很旧的单车，慢慢地跟在我后面，本来很轻松的时光被搅得十分尴尬。几次想开口和同学聊上几句，但总是被单车"吱——"的声音打断，我有点儿恼火。爷爷似乎察觉到了什么，走下车来，推着单车，但场面还是没有挽救回来。回到家后，我真想责怪他，他竟然先说了句"对不起"。我突然像被浇了盆冰水似的，跑回自己的房间，竟然莫名地心疼。

现在爷爷的单车快不成样子了，座椅上有一道裂口，那老土的深灰的漆已经剥落了许多，露出褐色的铁锈。轮胎许久没用，已经扁了。

它伴随了爷爷6年，也许该退休了吧，我想。

点评时间：

［我是霸道主题咖］

作者回忆了与爷爷生活的点滴，通过单车这个事物线索表达了作者对爷爷的怀念之情。情感真挚：小时候对爷爷的依恋是真，长大后对爷爷的嫌弃是真，最后的悔悟也是真。

［我是严谨结构君］

关于线索单车，作者描绘了三个主要场景。小学第一天，爷爷骑单车送"我"上学，"我"感到开心和踏实。四年级时"我"离家出走，爷爷找到"我"，"我"感到温暖。初一时，"我"与同学轻松聊天，爷爷骑着旧单车在后面跟着，"我"感到难堪，后来感到悔恨与愧疚。线索清晰，情感自然。

［我是炫酷句子迷］

（1）线索描写清晰。

（2）三个场景描写极具画面感。

（3）描写手法多样，人物刻画生动形象。

评书故事

欧立言（初二）

拎着大包小包回老家，还未走进家门，收音机的声音早已钻进耳朵："前文再续，书接上一回……"是那熟悉的、爷爷最爱的评书。缓缓推门，满屋子的评书声，让我浸入了回忆之中。

小时候在家乡，日落黄昏，炊烟袅袅时，爷爷总会抽出那台"党员纪念"收音机，把插头插进插座，调好频道，那熟悉的声音便悠悠地从音箱中传出："前文再续，书接上一回……"他总坐在一旁,驼着背,静静地聆听着评书人讲三国水浒、武侠江湖的故事,虽一言不发,眸子里的色彩却在变幻,时而忧时而喜,神情是那般专注。

那时,我天真地以为收音机里住了个说书人,总忍不住问爷爷:"上回我没听,你让他再讲一遍呗。"这时爷爷仿佛遇着了知音,笑吟吟地说:"这里的来龙去脉是这样的……"他清一下喉咙,双手合十,郑重而又字正腔圆地模仿道:"云长奉军师将令,等候丞相多时。"夕阳把余晖洒进窗子,斑驳地落在爷爷专注的脸庞上。

思绪飘回现实,饭菜已经上桌,家人也已入座,收音机里,刀光剑舞,黑鹰大侠正打得火热,爷爷一边吃饭,一边听他那《黑鹰传奇》。可收音机声音之大,快要溢出这间屋子了。父亲忍不住说:"爸,您这收音机也太吵了,我们好不容易回来一趟,想聊会天都不行。"爷爷一愣,没吭声,眼神黯淡了些许;他拔出插头,捧着收音机,向对屋走去,桌子上只留下一对碗筷。

我赶紧把饭吃完,拿着他的碗筷,跑向对屋。"说时迟那时快,那箭朝黑鹰飞来,他侧身一闪,险些中箭。"那熟悉的评书声又在那儿弥漫,音量却小了几分;那熟悉的专注仍呈现在爷爷脸上,眸子里却少了几分清澈。我把饭递给他,与他一同听着那时而激烈、时而低沉、时而阳刚、时而阴柔的声音,直到"欲知后事如何,请听下回分解"响起,我不解地问他:"吃饭喽,少听一回不行吗?"

他叹了口气,缓缓道:"在我像你这么大时,评书不是在收音机里的，而是在人口中的。一人一小桌，一书一扇子，评书的大世界便在这里了。那时我一干完农活便跑去听，人里里外外围了好几圈！那神情语气，无与伦比！我宁愿饿一顿，也不愿错过一回！"在他眼中，听评书是对童年的回忆、对美好的憧憬。"可惜啊。"他又叹了口气，"这里再也没有说书人了，收音机里的评书也是听一回少一回了。"我百感交集，有对现实的无奈，有对这种文化没落的悲哀。

"城中楼阁，几经风霜，天涯游子，一梦黄粱。神鬼志异，荒唐一场，谈笑一段，半生疏狂。"一曲《说书人》缓缓唱尽。爷爷的生命，一路上有评书相伴，那是童年的欢乐，是逝去的美好，而我曾经对此却有小小的不屑、大大的不解。

后来，当收音机响起熟悉的声音时，我便搬个小板凳，依偎在爷爷身边，听那评书悠悠，听那荡气回肠的故事，与爷爷一同聆听爷爷生命路上深沉的热爱。

点评时间：

[我是霸道主题咖]

　　作者回忆了与爷爷生活的点滴，通过评书表达了作者对爷爷的理解。

[我是严谨结构君]

　　倒叙。

[我是炫酷句子迷]

　　神态描写凸显人物个性。文中最为突出的人物形象便是爷爷，作者并未一一交代其肖像、动作，而是选择最能展现其性格的神态，主抓眼神。"眸子里的色彩却在变幻，时而忧时而喜，神情是那般专注。"这是听评书时的享受。"爷爷一愣,没吭声,眼神黯淡了些许。"这是没人可以与之分享时的落寞。"那熟悉的专注仍呈现在爷爷脸上,眸子里却少了几分清澈。"这是岁月留下的痕迹。

描写人物并非要面面俱到,选择最能表现人物形象的场景进行描写,直击人心便可。

专题3 先抑后扬:绕过几座山来拥抱你

写作任务:运用先抑后扬的写法,写一位自己熟悉的人。600字以上。

1. 唤醒

学生阅读范文鲁迅《藤野先生》《阿长与〈山海经〉》,明确范例的写作技巧:设置一条清晰明白的情感线索来表现人物形象。通过提问细化范例特点。

问题1:藤野先生出场便交代"穿衣服太模胡了,有时竟会忘记带领结……有一回上火车去,致使管车的疑心他是扒手"。《阿长与〈山海经〉》一开始"我实在不大佩服她。最讨厌的是常喜欢切切察察"。作者为什么这样安排?

明确:日久见人心,认识一个人是从不了解到了解的过程,文章一开始对人物的贬损,在文学上叫"抑",为后文的"扬"做铺垫。

问题2：采用先抑后扬的写法有什么好处？

明确：好像山峰要用低谷来衬托。前后形成鲜明对比，使文章更精彩，给读者留下深刻印象。

问题3：如何"抑"？

明确："抑"的内容包括人物的外貌、生活习惯，贬抑应有度，不触及人身攻击。"抑"的内容不可过多。

（1）通过他人评价带出："那坐在后面发笑的是上学年不及格的留级学生，在校已经一年，掌故颇为熟悉的了。他们便给新生讲演每个教授的历史。这藤野先生，据说是穿衣服太模胡了，有时竟会忘记带领结；冬天是一件旧外套，寒颤颤的，有一回上火车去，致使管车的疑心他是扒手，叫车里的客人大家小心些。"

（2）具体事例："我就亲见他有一次上讲堂没有带领结。"

（3）列举多个具体事例："最讨厌的是常喜欢切切察察，向人们低声絮说些什么事，还竖起第二个手指，在空中上下摇动，或者点着对手或自己的鼻尖。我的家里一有些小风波，不知怎的我总疑心和这'切切察察'有些关系。又不许我走动，拔一株草，翻一块石头，就说我顽皮，要告诉我的母亲去了。一到夏天，睡觉时她又伸开两脚两手，在床中间摆成一个'大'字，挤得我没有余地翻身，久睡在一角的席子上，又已经烤得那么热。推她呢，不动；叫她呢，也不闻。"

问题4：如何"扬"？

明确：通过具体事例表现人物精神品质。

唤醒体验：选择一个你熟悉的人或偶然见到的陌生人，你对他的印象产生了什么样的改变？理清思路，填写表格。

人物	初印象	具体事例	后印象	具体事例

2. 决定

在确定了素材之后，确定记叙顺序，保证结构清晰。记叙顺序可采用顺叙手法，将读者直接带入情境中，也可以选择倒叙手法，回溯过往。

3. 分享与修改

学生在班级上展示自己创作的叙事作文，师生就两个问题进行讨论，老师指导修改。

问题1：作者抑的是什么？扬的是什么？刻画了一个怎样的人物形象？

问题2：叙述中有没有能够让读者"看见"的具体细节？

4. 佳作欣赏

不　识

吴泽霖（初二）

面前这位老人，就是大人们要我称她为太奶奶的人了。

太奶奶？我努力搜索记忆，却怎么也想不起我们还有这样一位太奶奶，便悄悄问爸爸，这个陌生的老人家究竟是谁呀？爸爸笑了，用宽大的手掌拍了一下我的后脑勺说："傻小子，这是你奶奶的妈妈呀！今年已经90多岁了呢！"奶奶的妈妈？原来奶奶还有妈妈的呀！我回眼望着这个伛偻的老人，期期艾艾地说："喔——太奶奶，您好，欢迎来我家！"

既然太奶奶来我家做客，又是90多岁的老人，便不得不尊敬。于是我站在一旁，为她拿水果零食、倒茶递水什么的。待活儿一停，赶紧闪开。太奶奶虽老态龙钟，颇有点"仙风鹤骨"的味道，却又有着与她目前生活毫不相称的一些乡土气息。如此混搭的风格，让我敬而远之。

太奶奶等大人们接待过她，都去准备午饭时，招招手，把我和弟弟叫到她跟前来。她认真地端详着我们，不说话，然后低下头似乎思索着什么。过了一会儿，她"哦"了一声抬起头来，用食指点着我说："你是小嘉？那他就是小霖了吧？没想到弟弟比哥哥还高了！"太奶奶的湖南土话太绕了，其实我和弟弟都没太听明白，想跟她解释又怕她搞不清，只得拼命地点头。

那时，我们兄弟俩着实有点儿烦。我们一心想出去玩，却被一位素不相识、似乎与我们根本不在同一个时代的老人拉着聊天,话儿又听不懂,自然是极不乐意的。

自迎客那天起,这位陌生的太奶奶就在我家住了下来。她有点事儿多,比如:问我们做作业了没有;说我们吃得太少,要多吃点饭菜;或者用枯枝似的手指点着我和弟弟,指出我们不小心犯的错;仍糊涂地分不清谁是哥谁是弟,成天扯着弟弟要他多做运动,说哥哥这么矮怎么行。

时间一天天地流逝,这位陌生人已经变成家中日日相见的熟人。

突然有一天,大人说太奶奶要回去了。

我不知道是该欢喜还是该难过。太奶奶几乎没有为我们家的生活带来多少有趣的改变,大多是以令我和弟弟不耐烦的角色出现。但眼看年迈的她就要离开,不知相见的机会是否仍有时,我心中又有点不是滋味。

太奶奶拎着小包在我们的告别声中走了几步,不知为何又折了回来。原来她是来找我和弟弟的。她从小包中取出大人给她在路上准备的糖果,拼命地塞到我和弟弟的手里。又和蔼地压低声音说:"给你们留了零用钱,用红纸包着放在你们枕下,别忘了收好,用来买学习用品和吃的吧。"她的手干枯如柴,却很用力地抓着我们的手不舍得松开。终于,她佝偻的身子在奶奶的搀扶下,向门边隐去。

半天后,奶奶回来了,她告诉我们,太奶奶觉得在这里很快乐,比湖南好多了。她可以坐在这儿,看两个娃儿打闹或学习,两三个小时也不乏呢……我仿佛见到她坐在沙发上,笑着伸出两根干瘦的手指，点着，点着……我不知道说什么好。弟弟也像做错了事似的，绞着双手站在一边，摇摆着身子，一会儿看看我，一会儿看看地。

"是我们不对，我们没有多陪太奶奶说说话，没有多听她的话。"弟弟嗫嚅着。弟弟说得对，我们为太奶奶做得太少了。

晚上，我跟妈妈说了。妈妈思忖了一阵，慢慢地说："不，太奶奶已经收获快乐了，只是你们不太了解她，你们现在经历太少，还不能懂她。"是的，或许慢慢地我就会懂了。

我们像在告别一段久远却又令人留恋的时光，告别了一个熟悉而又陌生的人，屋里静默下来。

点评时间：

[我是霸道主题咖]

文中的太奶奶极具乡土气息，事儿多，和"我们"不是同一个世纪的，这些都是作者敬而远之的理由。太奶奶回老家之时，她无限的慈爱和不舍让"我们"悔恨不已。先抑后扬的写法，真实地展现了一位慈爱又可亲的老人，表达了"我"对太奶奶的悔意和不舍。

[我是严谨结构君]

顺叙。

[我是炫酷句子迷]

（1）动作描写，极具画面感。

作者几次写到太奶奶"枯枝似的"双手在空中指着，点着。一个极想亲近曾孙的乡下老人形象就出来了，给读者的印象很深。

（2）情感线索交代得细致明白。

这个陌生的老人家究竟是谁呀？（不认识）—不得不尊敬—如此混搭的风格，让"我"敬而远之—我们俩着实有点儿烦—不知相见的机会是否仍有时，"我"的心中又有点不是滋味—"我"不知道说什么好，弟弟也像做错了事似的。

每一处情感的变化都有合理的交代，让读者感同身受。

（3）结尾意犹未尽。

结尾"屋里静默下来"，与之前太奶奶在时的热闹形成对比，既能够感受到作者此时伤感的情绪，又余韵不绝的意味。

你是我最不了解的人

肖潇（初二）

都认为，同吃同住十二载，总能明白一个人的内心。可我的母亲不一样，无论何时何地，你总摸不透她。

当我在家时，她总得数落我一番，每天吩咐我干这干那，好像我做什么都做不好，都让她操心。送我去上学时，她也没有鼓励我，没有像其他家人一样千叮咛万嘱咐，什么也没说，就把我抛下车："赶紧去，少让我操心。"所以，当头一次离家在校住宿时，我是唯一一个不想家的女生。

奇怪的是母亲打电话来，又是不一样的语气。她轻言细语，柔和得像春风流水。这时我说什么她大都应允。没什么事可说，打电话的时间也不长，只是询问"添衣服没有？吃得好不好？"这样一些琐事。大都一个星期才一个电话。

母亲好像一直不知道我在学校的情况。考好了不知道，考差了也不知道。一次数学考差了，只想着，老师应该不会发信息给家长，从前母亲也不知道。可当得知老师每次都有说，且母亲打过电话来询问消息时，吓得我不禁打了一个寒战，只想如何负荆请罪。我拨通电话，母亲说："近几日天冷，小心保暖。"只字不提考试。我小心翼翼问起，她表现出才想起有这回事的样子，语气没有变化，情绪没有波动："一次两次不怕，事不过三就行。"我这才放下心来。

近期我玩起如今较火的软件，时常笑得直不起腰来，把母亲也吸引了过来，她总是一脸疑惑："这东西真有这么好？"一日出门前，母亲拿梳子捯饬自己的发际线，被我嫌弃，调侃："好丑啊！"母亲头也没扭过来，只盯着镜子，头低着，眼睛却吃力地向上瞟："奇怪，那软件上的人为什么能弄得这么好，我就不行？"

母亲很爱美，家里一堆瓶瓶罐罐、仪器设备，她从不丢什么，一直用着。

从前，我不懂母亲紧皱的眉头，只觉得她的叹息成了天上的云朵。直到我看见那泛黄的照片，照片中的花季少女眉眼精致动人，眼睛灵动有神，雪白的肌肤好似能绷得出水来。我端详了好久，才知道照片中淡如烟雨的女子正是我的母亲，我把照片捧在怀里细细端详。从此，我再也不敢笑话她，家中的瓶罐仪器就成了必须存在且神圣的东西。

我的母亲，一生为我奔波，倾尽大好年华。我不懂，不了解她。就是长大了，母亲仍是个谜。可那又如何？她深爱着这个家，深爱着我。我知道的仅是如此，但足矣。

点评时间：

[我是霸道主题咖]

作者列举了三个具体事例：妈妈送"我"上学时从不鼓励或叮嘱"我"，显得无情，后来"我"知道那是担心我不适应；本以为妈妈不关心"我"的学习成绩，后来才知她是担心"我"压力大；从不理解妈妈爱美，看到她年轻时的照片才理解她的在乎。写出慢慢了解妈妈的过程，情深而曲折。

[我是严谨结构君]

顺叙。

[我是炫酷句子迷]

（1）动作描写细致，极具画面感。

母亲拿梳子捯饬自己的发际线，被"我"嫌弃，调侃："好丑啊！"母亲头也没扭过来，只盯着镜子，头低着，眼睛却吃力地向上瞟："奇怪，那软件上的人为什么能弄得这么好，我就不行？"一个爱美的、可爱的妈妈形象就呈现出来了。

（2）人物的心理描写真切不做作。

考试不好，"我"却心存侥幸。文章最后的抒情没有刻意煽情，文章处处真实，却更能打动人心。

奶奶的守望

谭钧涛（初二）

奶奶在正月十三的清晨急促地敲响了我家的铁门。

我跑下楼去，看见呼哧呼哧喘着粗气的奶奶一手扶着墙，一手拭着额上的汗。"今年没有灯主，快和我去找去年的灯主伍家！"她用一种几乎是命令的口吻跟我说。我一时打不定主意。"你到底去不去?!"奶奶几乎要吼出来了。突然,她一挥手,一拐一拐地独自走进凛冽的寒风中。

庆灯,是我们这儿的一项民俗活动。旧年生了儿子的人家或建了新屋的人家就是灯主,将与全村的人一同庆祝。几十人挤在一起,时而扬起的风还带着初春的清凉惬意,大家吃饭,聊天,饮酒,祝福,恰有几分初春温暖的气息。

偏偏去年没有人家生儿子或建新屋,开展庆灯的责任便又落回了去年的灯主身上——这必定会引来旧灯主的不满!许多人于是默不作声,偏偏奶奶又自告奋勇:"当然要有人去呀,一两年不庆灯,谁还会记得这回事!可不能让庆灯在这里断了尾啊!"说到这,奶奶的脸上流露出一丝惶恐。

她总是这样爱管闲事!

真的,自奶奶退休以来,她就总是和一帮老太太守在村口那棵榕树下,探问着村中大大小小的事情。奶奶虽然患了腿疾,有时作痛,但是依旧按捺不住性子,爱走入坊间,如长官一样指挥着别人。张三家养的鸡她要看看,赵五家那一畦菜地她要管……更有一次,在爸爸将要开车上班时,她扶着一位老人硬是塞进车里,急着让爸爸载去某地。在我看来,她就是闲的。

见她的身影颤颤巍巍地消失在村路尽头的拐角处,我叹口气走回屋中。

日上三竿,远方响起了三阵鞭炮声——是庆灯的标志。我半信半疑地走到场地,见十几张桌子已经放好并配上了碗筷,还有人在井边洗菜,在炉旁生火,一旁的食物整整齐齐地码在一块,却迟迟不见那个爱指挥的身影。四处张望,发现奶奶正坐在角落里的石阶上,捶着那条患病的右腿。浸满了汗水的袖口和衣领已经翻了过来,纷乱的头发在风中翻飞。她只顾着望来往忙碌的人,脸上的笑显出无限慈爱,已没有了指挥时的那种雷厉风行,她此刻只是一个默默守望的人。

带长长流苏的、色彩斑斓的灯笼被路过的风抚弄着。时隔四季,铁棚下又一次坐满了人,还是那股熟悉的温暖。盘子上形形色色的菜肴的热气蒸腾而起,人们相互举杯祝福。"丽姨,多亏了您,我们今年的庆灯才可以顺利进行。"一位叔叔来敬酒时说。"对啊,多亏了丽姨,上次我老妈发烧还是她送去的医院!"……奶奶笑眯眯地听着,不时点着头说好,举着的杯子不知应该放下还是举起,显出几分腼腆来。

奶奶依旧天天守在榕树底下,与来往的乡亲亲切问候。清风几许,久萦不散。

点评时间:

[我是霸道主题咖]

作者描写了一位爱管闲事的奶奶,她张罗庆灯仪式,张家、赵家的事都是她的事。后来才慢慢理解,爱管闲事的奶奶有一副热心肠,而这正是这个越来越冰冷的世界的稀缺品质。文章表达了作者对奶奶的无限尊敬。

[我是严谨结构君]

顺叙。

[我是炫酷句子迷]

（1）语言描写的提示语很有表现力。

"'今年没有灯主，快和我去找去年的灯主伍家！'她用一种几乎是命令的口吻跟我说。我一时打不定主意。'你到底去不去?!'奶奶几乎要吼出来了。"通过这两句话，读者就知道这是一个急性子的奶奶。

（2）侧面烘托，凸显人物精神品质。

"'丽姨，多亏了您，我们今年的庆灯才可以顺利进行。'一位叔叔来敬酒时说。'对啊，多亏了丽姨，上次我老妈发烧还是她送去的医院！'……"通过别人的评价，凸显了奶奶乐于助人的品质。

野百合还在老地方香

庆儿

此次回乡，饭后散步，恍然惊觉，似乎一切都已不同。

后院，曾经是老太太经营的菜园，如今已荒芜一片。一串串车前草的籽成熟了，随处生根，随处占领，一大片满是的。蒲公英，一株开着太阳般的花朵，另一株已绽开成伞，鼓腮一吹，四处飞扬，随后稳稳停歇。我就地坐下，猛惊得各种小飞虫四处逃窜，狼狈不堪，想必我应该算得上是庞然大物了。坐下来远远望去，车前草、蒲公英、苜蓿，这块地已经平庸到了极点。

曾经，这里生长着菠菜、大蒜、葱、辣椒、茄子。记忆里，再也没有见过那么肥硕的菠菜了，叶子肥厚，绿意盎然，根部如同粉红色的胖娃娃，嚼起来，甜丝丝的。与我妈妈的菜园相比，老太太的菜园总是生机勃勃。她很爱这片土地，经常弓着身子给菜淋粪。小脚的她担不起粪，只能双手拧着粪桶，一步步慢慢地朝前移动，土地像是能听到她的召唤一般，总是给予丰厚的馈赠。多肉的辣椒、鲜嫩的大白菜、紫黑紫黑的茄子，而今这一切都已不再。

曾经的我，其实并未有多喜欢小脚的老太太，总觉得她偏心。好东西总是留给我姐，就连梨，大的也会偷偷塞给我姐，转身给我个小的。不都是年纪小的吃大个儿的吗？我心里不怎么服气。

起身继续往前走，惊喜地看到一株覆盆子。又到了吃覆盆子的季节。那小果如一颗颗精致的珊瑚珠攒在一起，红红的，十分透亮，吃起来，酸酸的。小时候，一说到"摘梦子去喽！"总是兴高采烈，可覆盆子树多刺，不小心手上就会划上好几道红印子，但是小脚太太那双枯手倒像不怕刺似的，用随处摘的大叶子当碗，摘得满满当当一叶子。绿叶配红珊瑚，煞是好看。可我哪有时间欣赏，接过来，一口塞进嘴里，那酸甜的滋味混着雨水和青草的香味，充溢全身，吃完后牙齿酸得咯咯响。

眼前这棵覆盆子早已没有生气，被雨打得零零落落，残留着几颗晚成熟的果实。摘一颗尝尝，还是那个熟悉的味道，只是被雨水冲洗过，淡了不少。

散步回家，望向客厅的电视机，不由得想起以前我也是个爱看电视的小鬼头，可山上冬天奇冷，客厅里没有火炉，又黑漆漆的，老太太总在七八点就为我烧火，烧出红通通的炭，放在我跟前的火盆里，让我暖手。晚上电视精彩，笑点一个接一个，我自顾自暖洋洋的乐呵，一回头，发现她竟还坐在黑暗中打着盹儿，电视的亮光照在她脸上，一闪一闪的。我催她回去睡觉，她却又强打起精神为我加炭，让我不用管她。现在想来，不会认字的她是怎么陪我熬过那一个又一个冬日的夜晚的呢？不会认字，不会看电视，不懂笑点，只是陪伴。

喝一口茶，振作振作精神，去看看百合花。百合花还开在老地方。与城市的百合花相比，野百合小小的，香气淡淡的，就如你一般，在我的世界只留下几幅淡淡的画面。除此之外，我一点儿也不了解你，不知道你的喜好，不知道你的生日，连你的姓名都不确定写法，你好像生来就已经是我的老太太了。

然而这四分之一世的相遇依然让我了解到：死亡可能是另一种形式的相逢，我想你的时候，你就住在我的心里。

点评时间：

[我是霸道主题咖]

这篇文章采用先抑后扬的写法，记叙了"我"对老太太的情感变化。分梨事件，"我"认为她偏心。给"我"摘覆盆子，"我"并未在意。冬夜陪"我"看电视，感悟到她默默的陪伴。本文通过现在的情境回忆从前，表达了"我"对老太太的深切怀念。

[我是严谨结构君]

倒叙。回忆与现时交叠，过渡清晰，结构严谨。

[我是炫酷句子迷]

（1）对比手法，凸显人物形象。

曾经的菜园生机勃勃，如今的菜园荒草萋萋，文章开头运用对比手法表现了老太太勤劳朴实的形象。

（2）场景描写极具画面感。

"发现她竟还坐在黑暗中打着盹儿，电视的亮光照在她脸上，一闪一闪的。"

一瞬间的聚焦，让读者看到了一个默默陪伴、不辞辛劳的老太太形象。

（3）结尾的抒情句真切动人。

第四章

技能篇——叙事

聚焦自己的生命历程,你会发现很多小小的星光,不忽视,不回避,不美化,真诚地记录成长与挫败。

第一讲　选材力：记录独特的生命经验

记叙文是以记叙和描写为主要表达方式的文章，可以写人、写景、记事。一般而言，记叙文虽离不开"人"的活动与"景"的衬托，但侧重于记事，记叙事件的变化：怎样开始，后来如何，结局怎样。

写一篇记叙文，我们会选择记录什么内容呢？什么样的内容更吸引人呢？换一个思考方向：新学期开始，重返学校的我们会跟闺密死党分享些什么呢？分享上学期自己的期末考试成绩吗？你不会，那是上世纪的旧闻了。我们会分享一些新鲜事儿，去了哪些新地方，有一些什么有趣的见闻，自己喜欢的偶像又演了什么新剧，等等。分享时你手舞足蹈，眉飞色舞，想要尽力还原当时的情景，想要让你的听众立即参与到你的世界中。听众呢，聚精会神，兴致勃勃。这应该是记叙文中作者和读者的美好画面。记叙文记录的是每个人独特的生命体验，本应是作者乐于分享，读者乐于倾听，但现实却并不是这样。

素材雷同现象严重。亲情类作文常见的素材是雨天生病送医院，这时总会有一句经典台词冒出来：不知是雨还是我感动的泪水。情感浓烈炽热。妈妈雨天送伞、晚上热牛奶也是热门素材。励志类常见素材是第一次学骑自行车、学游泳，最后总会将成功的原因归结为坚持。

事件陈旧得发出馊味，情感普遍突然浓烈，主题大道理当道，每个人都是诗人和大哲学家。这并不是好事，因为它失真了。笔下生活和真实生活并不一样。作文仿佛受了青春偶像剧的影响，情感"失常"，同时又要迎合老师对"大道理"的需求，思想成人化严重。我们的真实呢？我们的童趣呢？

我们需要解决第一个难题——选材。

记叙文选材的第一原则是"新"。"新"并不是指惊天动地，也不是刻意追求奇异灵怪。"新"对自己而言，是新的生活体验，或者是旧体验里新的感受、新的思考，同时你认为这些经历和想法值得与大家分享。

1. 新的生活体验

每个人的生命现场都是一生取之不尽用之不竭的宝藏，因为人的生命的每一刻都是全新的真实的体验。出生时第一次睁眼看阳光，第一次用双手触摸世界。后来，第一次上幼儿园体验孤独和新奇，第一次学骑车或游泳，第一次经历感冒发烧，这些都是独属于自己的生命体验。我们需要做的是不忽视，不回避，不美化。

所有的体验本身没有高低贵贱之分，只要是让你印象深刻的，就值得记录。记得我第一次发烧，活蹦乱跳的自己第一次感到身体完全不受控制，变得虚弱，甚至觉得自己要死了。但是大人们依然在房间外面忙忙碌碌，丝毫没有悲伤的意思，这让我更加孤独。那种惶恐的感觉让人记忆犹新，这种感受一点也不宏伟，但它同样值得记录，因为这次经历让我第一次体察到自己的身体是存在的，是需要好好对待的。不好好对待它，它就会变成一个牢笼，你的自由、你的快乐就统统没有了。这也是一种收获，对不对？

聚焦自己的生命历程，你会发现很多小小的星光，是它们让你变成现在的你。不忽视，不回避，不美化，真诚地、认真地感受每一个当下，有时像个"外人"一样去反观自己的人生，反观挫败与成长，这样的选材会与众不同，会感动并激励人。

聚焦自身的生活体验，有很多素材可以挖掘。但生活中不只有你，还有很多他人，包括你的父母、亲人、老师、同学，等等，他们也会带给你完全不同的生命体验。关注他们的生活，也会让你有很多新的发现。

在《美国作文》里，有一篇很精彩的文章叫《妈妈感冒了》，它记叙了妈妈得了流行性感冒的故事。妈妈得感冒，这并不是惊天动地的大事，有什么好记录的呢？无非是发烧、咳嗽、打喷嚏，而且往往在我们不注意的时候她就好了，好像没有发生过一样。妈妈是大人，总比我们更会照顾自己，对吧？但在15岁的乔伊斯·卢博尔德笔下，妈妈得感冒却如同经历了一场感情风暴。妈妈感冒后依然不得不把家里的琐事做完才能上床休息。孩子们放学后回家发现妈妈竟然躺在床上，很是奇怪，接着妈妈就被留在了寂静中，头一跳一跳地疼。家里的其他人并没有发现异常，仍旧仿佛在举行晚会，依旧笑着，彻底把妈妈遗忘了，这时妈妈觉得自己活下去没有什么意义了。后来，厨房被搞得乱七八糟，狗把妈妈的晚餐全部吃光，所有人觉得没有妈妈的世界特别没劲,这时妈妈的伤痛仿佛全部消失了。在文章的最后,作者感叹:"现在你知道妈妈得了感冒会怎么样了吧。别人得感冒就要病 24 小时以上,而做妈妈的就不同了,如果她觉得家里人真的需要她,她会在 12 小时或是更短的时间内康复的。"作者记录了一件平常小事,设身处地地感受妈妈的痛苦和快乐,说出了所有妈妈没有说出的心声,真实又动人。

另一篇文章叫作《一台老式打字机》,记叙的是妈妈失业后学习打字并重新获得工作的事,"我"第一次见到失业的妈妈哭得像个孩子,感叹道:"我第一次认识了她脆弱的一面。她还是我的妈妈,但同时,她和我一样是一个普通的人。她也会害怕,会受到伤害,会遭遇失败。我能感觉她的痛苦,就像我无数次在她怀里寻求安慰时她曾感受到我的痛苦一样。"

当你把目光从自己身上移开,关注身边的人和事,关注他们的喜和忧时,你选材的范围会更加广阔,你的生命也会更加丰厚。

2. 旧体验,新感受、新思考

我们的生活是新的,同时也是旧的,很多事情在重复地上演着。那是否它就没有任何意义了呢?事情是旧的,我们也总能从平淡的事情中体味出不同的味道,因为人时时刻刻是新的,内心的感受时时刻刻是新的。

小时候干农活——将玉米苗从保温的地膜里挖出来,避免烧苗。我和姐姐约定好比赛,看谁最先完成任务。我早早起床,有着竞争的推动力,干农活好比游戏,最后也忘了比谁更快。望着一排排探出头的整齐的玉米苗,内心成就感爆棚,那是第一次感受到劳动的乐趣。长大后,回家挖玉米苗,没有了小时候的激情和新鲜,变成了一件怀旧的乐事,连劳动后的腰酸背痛都带着田园生活的诗意。这是时间给我的礼物。

对于你来说,哪些旧体验因为年龄的增长,多了新的感受和思考呢?

在生活中,我们有着各种各样不同的经历和感受,我们可以建立一个素材点子库,写下你看到提示语时脑海中首先想到的东西。同时,留意并积累同一主题类型的名家作品,既向内发现自己,又向外充实自己,这样你一定进步很快!

素材点子库

素材类型	你的联想(人物+事件)	名家作品
劳动		林清玄《散步去吃猪眼睛》 简嫃《小大人的滋味》
冒险		曹文轩《孤独之旅》 莫顿·亨特《走一步,再走一步》 林清玄《秘密的地方》
娱乐		鲁迅《社戏》 王金平《童年趣事》 马亚伟《故乡的年戏》
学校生活		罗青《我的小战友》 鲁迅《从百草园到三味书屋》
宠物		老舍《猫》 冯骥才《珍珠鸟》
……		……

第二讲　信息力：设置具有独特气质的场景

记叙文六要素——时间、地点、人物，事件起因、经过、结果，我们都不陌生。但在记叙文中，即使六要素样样俱全，也未必称得上一篇精彩的记叙文。这个知识点更适用于回答记叙文阅读的事件概括题，对于写作而言，它大而空洞，功效不大。但记叙文六要素指向的是清晰的叙事：清晰的场景（时间、地点），清晰的人物设置，清晰的事件发展过程。

一篇好的记叙文，首先要有一个清晰的场景。模糊的背景、真空的环境，让读者无法信服，更无法沉浸其中。这就如同电视、电影场景的搭建，之所以能让观众沉浸其中，在于这些画面源自生活。我们生活中的每一件事都不是发生在真空里的，而是发生在一个复杂的情境中、在一个特定的地点、在某一个季节、在某一种天气里。在记叙时，不仅仅要着笔描述事件的进程，还要关注事件背后的场景。清晰的场景交代，能够让你的故事有个明明白白的着落点，会让读者更有代入感和沉浸感。

1. 季节

任何事件的发生都有特定的时间。有的同学习惯于使用笼统的时间表达，"有一天""一天"，这样的交代通常是无效的。在记叙文中，对时间的准确交代，能够让故事更真实。在读每一篇文章时，我会很关注这件事发生在哪个季节，一天的哪个时间段。不同的季节，意味着不同的景致、不同的色调、不同的温度。这个景致是整个故事的背景，这个色调是整个故事的色调，这个温度也是整个故事的温度。

"窗外只有渍痕斑驳的墙壁，帖着枯死的莓苔；上面是铅色的天，白皑皑的绝无精采，而且微雪又飞舞起来了。"这是鲁迅《在酒楼上》中的记叙，冬天的冰冷感一直贯穿故事始终。这时冰冷的不只是天气，更是故事深入骨髓的苍凉感。

"这里的气味，倒是很好闻的。万顷芦苇，且又是在夏季青森森一片时，空气里满是清香。芦苇丛中还有一种不知名的香草，一缕一缕地掺杂在芦叶的清香里，使杜小康不时地去用劲儿嗅着。"这是曹文轩笔下孤独的夏天，色调浓郁，味道也很浓郁。

"这南方的初春的田野！大块儿小块儿的新绿随意地铺着，有的浓，有的淡；树枝上的嫩芽儿也密了；田里的冬水也咕咕地起着水泡儿……这一切都使人想起一样东西——生命。"这是春天的味道，充满着希望和爱意。

"又是秋天，妹妹推我去北海看了菊花。黄色的花淡雅，白色的花高洁，紫红色的花热烈而深沉，泼泼洒洒，秋风中正开得烂漫。"这是史铁生笔下的秋天，故事也带着秋天的萧瑟意味。

我们在写作时，时间的交代不用长篇大论。尽量使用指向明确、范围较小的词语，少使用过于笼统的词语。如牛汉《我的第一本书》里所写的："我是开春上的小学，放暑假的第二天，父亲回来了。"开春是指开始进入春天的时候，一般指农历正月或立春前后，比春天要准确。"放暑假的第二天"比暑假里的一天要准确。这样的交代说明作者对父亲回家的时间印象极其深刻，也让读者有更清晰的时间感。

除了直接的表述，还可以选择你看到的与此季节相关的景物来点衬。鲁迅选择了"微雪"，曹文轩选择了"芦苇"，史铁生选择了"菊花"，几笔点染，读者就有了一个很明确的感受。如描写传统民俗节日端午节的事件，可选择具有端午特色的几样景物串成："端午的歌谣是清晨的布谷鸟起的调，脆生，清亮。故乡从仲夏夜的梦中醒来，空气中飘荡着粽叶的清香，石榴花红得正亮！"

2. 天气

除却季节，不同的天气、不同的色调、不同的温度，也是我们可以直接感知到的一个环境因素。它既是文章故事发生的背景，也是连接故事与读者感觉的重要通道。如《走一步，再走一步》的开头："那是在费城，一个酷热的七月天——直到56年后的今天，我仍能感受到当年那股灼人的热浪。"热浪里一个小男孩的冒险与成长，更让人感同身受。

不要忽略对天气的交代，描写时可直接交代天气状况，如上文的"酷热的七月天"。也可以从视觉、听觉、触觉的角度出发，展现更为细致的场景，如鲁迅《故乡》的开头："时候既然是深冬；渐近故乡时，天气又阴晦了，冷风吹进船舱中，呜呜的响,从篷隙向外一望,苍黄的天底下,远近横着几个萧索的荒村,没有一些活气。我的心禁不住悲凉起来了。"阴晦的天气、苍黄的色调、冰冷的气息,场景一下子变得真切起来,心也被风"呜呜"地吹着。

3. 地点

任何事件都发生在一个特定的地点,有时一篇文章中的地点只有一个,有时也涉及地点的变换。有些同学默认读者全能全知,会忽略对真实地名的说明。

一位同学记叙了他在家族祠堂里的所见所闻,"小时候,于我而言,故乡的古祠是没有什么概念的。每天的每天,我往返于集市和奶奶家,翘首望见古祠,静谧肃穆,香火缭绕,见多了也就司空见惯"。看到这里,我问他:你家的祠堂在哪里呢?他很不解:这需要交代吗?"当然需要交代了,你家祠堂对你来说很熟悉,但对读者来说,这些信息很陌生,清楚地交代,会让读者很自然地感受到故事的真实性。"在修改稿中出现了这样的句子:"我的故乡松岗石碣村是珠三角地区最大的孔子后裔聚居村。"我们的视线一下子就聚焦到一个真实的地点上,参与到一个真实的故事中去。

在记叙文中,地点的交代很重要,不仅让读者有方位感,更增添了故事的真实性。就像电影中地点的设置一样,《午夜巴黎》中的巴黎,浪漫迷人;《火锅英雄》中的重庆,魔幻压抑。不同的城市,有不同的风格,散发着不同的味道。我们在写作时,大到城市名,小到一个村庄的名字、一条河流的名字,都不应草草略过。如马家辉的《鬼哭凤凰》:"当清晨坐在凤凰古城的Soul咖啡店内,往窗外望向沱江的沉静流水,我对自己说,太可惜了,我晚来了十年。"一座城、一个店铺名、一条河流,都让人真切地回溯过往。鲁迅在《社戏》中说:"那地方叫平桥村,是一个离海边不远,极偏僻的,临河的小村庄;住户不满三十家,都种田,打鱼,只有一家很小的杂货店。"因为《社戏》,我们记住了"平桥村"这一地名。

如果涉及不同地点,转场交代须清晰。如鲁迅《从百草园到三味书屋》中:"出门向东,不上半里,走过一道石桥,便是我的先生的家了。"

关注一座城、一条街、一家店铺的名称,精确的名词能够带读者回到正确的现场,不会走岔路。

4. 具体的布景交代

地点的交代能够让读者有一个清晰的坐标,比地点更具体的信息是事件发生时的具体布景。是什么样的建筑?有什么摆设?是一处什么样的地方?甚至闻到什么,听到什么,都属于事件背后的场景。

在《红楼梦》中,黛玉住的地方是潇湘馆,原文中写:"前面一带粉垣,里面数楹修舍,有千百竿翠竹遮映……上面小小两三间房舍,一明两暗……出去则是后院……又有两间小小退步。"黛玉住处最显眼的便是竹子,更是被刘姥姥误认为是哪个公子哥的房间，足可见黛玉房间的精致和高雅。而宝钗住的是蘅芜苑，贾母带刘姥姥等一众人去参观房子时，"顺着云步石梯上去，一同进了蘅芜苑，只觉异香扑鼻。那些奇草仙藤愈冷愈苍翠，都结了实，似珊瑚豆子一般，累垂可爱。及进了房屋，雪洞一般，一色玩器全无，案上只有一个土定瓶中供着数枝菊花，并两部书，茶奁茶杯而已。床上只吊着青纱帐幔，衾褥也十分朴素"。不同的布局，不同的精神寄托，不同的人物形象。

在记叙文中，很多同学会自动忽略具体布景的描写，出现"真空环境中一个面目模糊的奶奶在包粽子"的情况。因此，如何还原一个真实的环境呢？

首要原则是重要的就写，不重要的就不写。譬如《走一步，再走一步》："在很远的另一边，有一道悬崖，像一面几近垂直的墙突兀地耸立在岩石中，四面都是土坡，上面长着参差不齐的矮树丛和臭椿树苗。从底部杂乱的岩石到顶部草皮的边缘，只有60英尺左右，但是对我来说，这是严禁和不可能的化身。"对悬崖具体的描写，非常有必要，它关系到后文情节的展开。

其次，抓住场景中的有效细节。以"奶奶包粽子"为例，"晚六点，光线渐暗，空气中浮热散去，凉意顿生。厨房里，水龙头里泉水涌入，叮叮咚咚不停歇，更加重了凉意，奶奶在靠窗户的一角借着天光淘洗着糯米"。这个场景描写创造了一种气氛，同时"借着天光淘洗着糯米"这个有效细节表现出奶奶勤俭节约的品质。因此，具体的布景描写旨在创造一种能够让读者感知到的气氛，它不仅包括对具体建筑摆设等可见事物的描写，也包括对空气、气味、声音的描写。当你准备开始写时，抓住你闭上眼睛时回忆到的场景、声音、气味，用简单的短语和关键的字词记录下来，然后从中挑选 1～2 处最能让读者进入情境的细节展开描写。记住，细节不是越多越好，而是越抓人越好。

综上，对季节、天气、地点、具体布景的描写，都是主要人物、主要事件背后的情境。信息点的具体准确，能够帮助还原一个真实的生命现场，但这并不意味着任何时候都需要详尽细致地再现季节、天气、地点等信息。还原须适度，但也要有这样的全局意识。在记叙事件的过程中，添加一两笔对具体信息点的描写，可让整个文章的情境更加立体丰满。

第三讲　逻辑力：顺叙乖巧，倒叙勾人

记叙的条理要清晰。每件事都有起因、发展和结果，按照事情发展的顺序记叙，文章的条理就会清楚明白。我们常用的叙述顺序有两种：顺叙和倒叙。

顺叙是讲一个故事时，顺着时间的顺序，先发现的先讲，后发现的后讲。而倒叙是打破时间流动的方式，把后面发生的事情提前说，前面发生的事移到后面来写。在记叙文写作中，这两种叙述方式各有优点。

1. 顺叙乖巧

顺叙是最基本的一种叙述方式。陶渊明的《桃花源记》就是一篇以渔人的行踪为线索，以时间为顺序的文章，它叙写渔人发现桃花源—进入桃花源—做客桃花源—离开桃花源—再寻桃花源的过程。逻辑清晰，结构严密。

我们在写记叙文时，可练习运用顺叙的手法，如写"春游记"，我们便可以按照事情发生的顺序来写，怀着怎样的心情到达了目的地，到达之后又进行了哪些活动，最有趣的事是哪一件，结束时有什么收获。在运用顺叙时须谨记：顺叙不是记流水账，也不是平铺直叙。

很多同学会将顺叙理解为记流水账,将春游的一天平均着笔记录下来,早中午晚,事无巨细,这会是一篇精彩的记叙文吗?不会。这将会是一篇很枯燥的日记。顺叙忌平均,这也就意味着写文章要有详有略,重要的事情详写,不重要的事情略写甚至不写。就像一场婚礼,主角定是新娘新郎,如果新娘新郎的爸爸妈妈发言时有特别深刻的感悟,也可着一笔,其他不重要的细节就可免掉。"春游记"最重要的是春游过程中最有趣、最新鲜的那一件事,而其他的细节就可略写或者不写。

顺叙也不是平铺直叙。平铺直叙是指在叙述一件事时没有起伏,读者的心情没有起落。就如演讲比赛的颁奖典礼,公布获奖名单通常最先是三等奖,接着是二等奖,最后是一等奖。这样的公布顺序其实迎合了观众的心理,越来越期待,情绪一直在"起",最后期待心理被满足。若是先公布一等奖的获奖名单,再二等奖,最后三等奖,观众的情绪就一直在"落",一直"落"到底。文章的起落,其实就是读者情绪的起落。因此,顺叙时,不仅条理要清晰,而且记叙要生动,这样才能激起读者的阅读兴趣。

2. 倒叙勾人

倒叙是打破时间流动的方式,把后面的事情提前说,但倒叙并不等于虚构故事,它只是在忠实于生活的前提下使事件叙述变得生动曲折的一种方式,以激起读者的阅读兴趣。

常见的倒叙有两种类型,我将它们称为"吊人胃口型"和

"深情回忆型"。

"吊人胃口型"常出现在侦探小说或电影里，先是案件的现场，接着倒回去讲案件的起因和发展。记叙文的开头也常常用到这种方法。

"那只羚羊哪儿去啦？"妈妈突然问我。（张之路《羚羊木雕》）

以对话开头，简洁明了，这只羚羊身上有什么故事呢？一下子就把读者拉入"追踪羚羊木雕"的群聊中，让读者有了强烈的参与感和好奇心。

"只见他手腕一翻，手中的铅笔脱手而出，化出一道流光，欲刺进小明的大腿，突然他想起……"以激烈的冲突画面作为开头，将读者的胃口吊起来，然后把事件一点一点剥开，我们就能一直抓住读者的眼睛。如果采用顺叙的方式，记叙他们不和、争吵，最后终于打起来。读者知道了开头，也就知道了结局，会认为故事索然无味。

如何写"吊人胃口型"的开头呢？将故事高潮时的对话或者动作描写提前就可以了。

"深情回忆型"是指由现在的情境或事物勾起回忆，然后回溯过往事件的一种方式。

一种是"睹物回忆"。"看着手中的铅笔，就不由得回想起爸爸为我削铅笔时的场景。"

另一种是"情境引入"。"听丝丝细雨敲打着窗户，想起那土坯青瓦堆砌起的儿时记忆，湿润的掌心捂住有些酸涩的鼻尖，舌尖上再也不是当初那触过的冰凉味道，手上的也不是奶奶自制的冻柠蜜了。"丝丝细雨开启回忆的阀门,自然引入对奶奶的回忆。倒叙开头法能够迅速入题,并奠定感情基调,是非常好用的一种叙述方式。

综上,我们在写作时,可以根据事件的特点选择顺叙或倒叙。不论选择哪种叙述方式,都要保证时间交代清晰,逻辑严密。而真正决定记叙文精彩与否的还是事件本身,好的记叙顺序只是锦上添花。

第四讲　逻辑力：详略得当，告别流水账

上一讲提到，记叙文切忌记流水账，事件着笔不能平均，而应有重点地记叙，这就是我们常说的详略得当。这其实和人类的注意力有关，在认知科学中，由于信息处理的瓶颈，人类会选择性地关注所有信息中的一部分，同时忽略其他可见的信息。因此，我们写作时须保证读者的注意力分配到重要的信息上去。那怎样定义重要和不重要呢？由主题来定。能直接表现中心意思的主要材料详写；虽与中心意思有关但不是直接表现中心意思的材料略写，无关的细节不写。如作文题目《有苦也有乐》。

首先，审准题意，确定详略。从题目来看，一个"也"字，说明重点在"乐"不在"苦"，所以应详写"乐"，略写"苦"。

其次，画思维导图，理清思路。列举体现"苦"与"乐"的具体事例，并根据文章中心分别标出详略。

根据思维导图展开作文，克服"写到哪里算哪里"的随意性，文章中心会更突出。

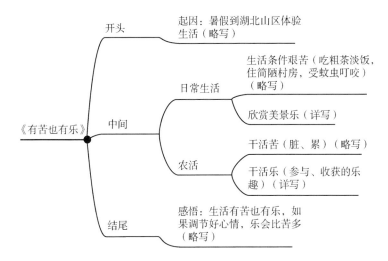

写完之后，如何确定作文是否详略得当呢？首先明确主题。其次，标好段落数，概括每一段的内容。最后，数清每一段所占行数并做好记录。以部编版语文教材中朱自清的《背影》为例。

主题：表达了父亲对儿子的爱以及儿子对父亲的怀念。

第一段：不忘背影（1行）。

第二段：交代家境，祸不单行（4行）。

第三段：父亲与我将同行（3行）。

第四段：父亲决定送我（6行）。

第五段：父亲送我上车，和门房讲价钱，叮嘱我路上小心(7行)。

第六段：父亲给我买橘子（14行）。

第七段：读信再忆背影（8行）。

文章第四、第五、第六段共27行，集中表现了父亲对我的关怀，第六段的描写更是感人至深。其他细节虽是略写，却也是对行文背景的必要交代，用作铺垫、映衬。

当然，以段落行数判断文章详略是最简单的方法，更为细致的方法是判断跟主题相关的有效细节是否充分展开。

综上，要做到详略得当并不难，它需要我们克服"提笔就写"或"想到哪儿写到哪儿"的随意性，做到胸有成竹，才能下笔如有神。

第五讲　现场力：聚焦画面，让子弹飞一会儿

写作时，明确了叙述顺序，条理就会清晰；明确了详略，文章就有了重点。关键问题来了，我们应怎样详写呢？详写就是字数多吗？不是的，详写是有丰富的有效细节。如何获得丰富的有效细节呢？好比我们拿手机拍照，确定拍摄对象之后，还会有一个动作——轻点屏幕，会出现一个小方框，方框里的内容会格外清晰，方框外的内容会模糊一些，这就是聚焦。作文里的详写部分，就是我们的聚焦场景，也就是中心场景。这时，事件流动的速度变慢了，逐渐定格，变成特写镜头。例如："我看见他戴着黑布小帽，穿着黑布大马褂，深青布棉袍，蹒跚地走到铁道边，慢慢探身下去，尚不大难。可是他穿过铁道，要爬上那边月台，就不容易了。他用两手攀着上面，两脚再向上缩；他肥胖的身子向左微倾，显出努力的样子。这时我看见他的背影，我的泪很快地流下来了。"这时，其他的人和事暂时都不重要了，时间慢了，天地之间只剩下这样一个背影。

那么，在文章中我们如何聚焦回忆中的场景呢？对凸显题旨的动情点或感悟点用特写镜头放大，用慢镜头拉长，在脑海中抓住这个场景。接着从多角度进行描写，因是记事写人类文章，我们须从人物的动作、语言、神态、心理活动等方面展开具体描

写，使读者能够"看到"一个清晰的画面。有时文章里的聚焦画面只有一个，有时也有多个。以"菜地里捉蚂蚱"为例：

聚焦问题	答　　案
在什么地方	
有哪些人物	
你和他们分别在做什么 你看到了什么（动作、神态） 你听到了什么（语言、动作的声音） 你触到了什么 你闻到了什么	
你的内心感受是什么	

如果上表还是比较抽象，我们用点耐心，看看下面这个同学的核心段落，判断他是否聚焦成功。

在爷爷退休那年，我们家并不富裕，父母出去打拼，很晚才回家。我放学完成作业后都会在夕阳下看书。这时爷爷就会过来，抱起我，小心地放在他腿上，然后与我聊天。夕阳的光倾泻在我们爷孙身上，把他开始变白的头发照得发出金色的光芒，额上每条皱纹都特别清楚。这时，他总面带微笑地摸着我的头。

那时我的好奇心十分强烈，常问爷爷很多问题，比如楼是如何盖起来的。爷爷当时用粗糙的手指着楼房，说："当然是用砖头盖起来的。"然后他就开始讲述他在革命岁月的奋斗史，我也十分认真地听。他激动时，手脚并用，有时点上一支烟助兴。直到我说讨厌他吸烟，他才戒了。（《夕阳下的爷孙》）

这两段占整篇文章的三分之一，是详写段落。归纳起来，有两个信息点：爷爷和"我"在夕阳下聊天；"我"让爷爷戒烟，爷爷戒了。作者重点描写了第一个信息点。读完之后你有什么印象？我的印象是他爷爷在夕阳下和他聊天，但聊什么不是很清楚，范围很广。最后爷爷为"我"戒烟了。

然后呢？没了。

一篇文章读到这里，已经失败一半了。详写段落没有抓住读者，后文的抒情一定落空！原因就在于他不会聚焦。

如何聚焦一幅"爷孙夕阳闲聊"图呢？这个画面的重心应该是什么？是夕阳吗？不是，夕阳只是时间背景。重心应是爷孙聊了什么，是爷爷的语言、动作、表情。一定是让作者印象很深刻的话题才让作者一直记着那个画面，但作者对这个信息点交代得不明白，说着"盖楼"，突然跳到"革命岁月的奋斗史"，一句话就糊弄过去了。为了更好地聚焦，作者需要回答这样几个问题。

聚焦问题	答　　案
聊天的时间、场景	
你和爷爷分别在做什么 在那个情境下，你看到了什么（爷爷的动作、神态） 你听到了什么（你们的对话、窗外的声音）	
你的内心感受是什么	

第四章　技能篇——叙事

看到一处绝美的景,你会停下来好好看一看,将画面印到脑子里去。记叙事件也一样,碰上精彩、动情的画面,也要放慢笔速。什么情境,人物在做什么事,用最详细的笔墨进行描写,并让最真诚的内心感受慢慢流淌出来,这样的作文才能打动读者。

第六讲　现场力：ing 形式，让读者自动入戏

有的同学在聚焦画面时，会不自觉地用到一些词语。"他总面带微笑地摸着我的头。""我的好奇心十分强烈，常问爷爷很多问题。""每当""总""常"，从时态上来看为"一般现在时"，描述的是经常发生的画面，这画面好像每天都在重复，有了规律似的。

"这时""正"，是 ing 形式，在文章中，描述的是过去正在发生的画面，好像这些事件在分享给读者时正发生着。这两种时态，哪一种更优呢？在记叙文中，进行核心画面的描写时，ing 时态更好，画面感更强，能直接把读者带入作者的生命现场。

这里我们首先需要了解作文里的时态：过去时，现在时，进行时。

照理说，记叙文、记事散文，书写的都是过去的人、景、事，但我们不会用过去时来叙事。"只见发起一阵狂风来……那一阵风过处，只听得乱树背后扑地一声响，跳出一只吊睛白额大虫来。武松见了，叫声：'呵呀！'从青石上翻将下来，便拿那条梢棒在手里，闪在青石边。"这是《武松打虎》中的片段，一个词"只见"就把人直接带到打虎现场，好戏就开场了。

如果是过去时，就毫无趣味了，因为读者没有任何参与的乐趣，而人是希望自己能有主宰权的，对于已成定局的事没有太大

的兴趣。因此，在我们的文章中，ing时态适于描写精彩时刻，还原现场，将读者带进故事里去。

如果同学们经常在作文里用到"常常""总是"，在详写段落时就需要警醒了。这样的用词，不会有好的、细的画面出来，往往高光时刻会变平淡，一点吸引力都没有了。

如何写好ing时态呢？在还原画面的同时，需要作者自己回到生命现场。以"夕阳下的爷孙聊天"为例。仔细看看当时的少年和爷爷，写清楚是什么样的画面，在一间什么样的房子里，各自有着怎样的表情和动作。仔细听听当时少年与爷爷的对话，声音是怎样的。除了对话的声音，还有什么别的声音吗？仔细闻闻当时的味道，有饭菜的香味吗，还是爷爷的烟味更重一些？仔细感受你当时的心情，一点一点记下来。

落笔时，具化信息点，多描写，少概述。用五感写作法还原现场，这样就能避免没有滋味、不留痕迹的描写了。

第七讲 曲折力：召唤读者的密码

学好以上六课，你就能记叙清楚一件事了：信息点清晰，记叙顺序清晰，有详有略，有细节加持。但要记叙一件引人入胜的事，还需要学习这一课。

首先需要明确，曲折力不等于虚构故事，有的同学为了曲折力故意虚构几个转折，但这已经背离记叙文的初衷了。

如何叙事才有起落，才能吸引读者呢？很多同学会写登山、骑自行车、徒步等事件来表现自我的成长，但读完之后总觉得平淡无奇，原因是什么呢？

以"徒步"为例。"上周六正好是佛山 50 公里徒步的日子，我和我的朋友相约着一起参加了徒步。"这是文章的开头，有问题吗？能否吸引读者继续读下去？不能。太平淡了！平淡的并不是作者的叙述方式，而是作者并没有表达出足够强烈的去徒步的愿望。为什么一定要去徒步，而且是参加 50 公里徒步。如果去徒步的愿望不强烈，就无法支撑你勇敢地面对后面遇到的困难。

所以，我们缺乏的并不是精彩的故事，而是有技巧的表达。读者的情绪一开始就没有被调动起来，原因在于事件起因的平淡，在这里具体是指愿望表达的平淡。

接着，作者记叙了她在徒步过程中遇到的困难。第一次困难：跟着别人走，却走错了路线。第二次困难：下起了小雨，目标遥遥无期,想要放弃。两次困难是如何克服的呢?朋友的开解顺利化解了"我"的心结,最终两人如愿走到了终点,兴奋地抱在一起。

作者记叙了两个困难,但这两个困难有一个共同点:均来自外在的干扰,克服困难的方式也都是因为朋友的鼓励。因此读起来,两次困难就等于一次困难,它们具有同质性,并且不能展现作者最后的感悟——"坚持就是胜利,走一步,再走一步,就能够战胜自己的软弱"。全文并没有表现作者个人内心的成长。

因此,记叙文平淡的另一原因在于记叙过程的单一和平淡。这里是指困难的同质化、克服困难方式的单一化,这使得文章趣味全无。

如何叙述一个精彩的故事呢?首先,提笔须生猛。事件起因的交代须合理且强烈,如何做到合理且强烈呢?以《走一步,再走一步》为例,"我"的愿望是跟着小伙伴去爬悬崖。产生这个强烈愿望的原因在于"我"是一个病弱的孩子,不能冒险,但我渴望像他们一样勇敢和活跃。加上好朋友杰里的鼓励,"我"决定尝试。事件的起因、愿望的生成既包含自我成长的憧憬,又有榜样偶像的激发,还有朋友的鼓励。当然,事件动机的描述与人物的身份特征密切相关,不能随意编造。这时,读者的情绪在"起",我们很好奇后面会发生什么事情。

其次,寻找事件发展过程的曲折点。一方面包括"事件本身的曲折",如"徒步时跟着别人走,却走错了路线""中途天下小雨",这些困难和障碍并不是虚构而来的,而是作者遇到的实实在在的障碍。两次障碍,让读者的心提了起来。另一方面,这两次外在干扰还包含另一层面的"曲折点"——内心感受的曲折。"我好不容易下定决心参加徒步"（内心感受：兴致勃勃）—"徒步时跟着别人走，却走错了路线"（内心感受：开局不利，消极暗示）—"中途天下小雨"（内心感受：要不放弃吧？正好有借口）。在记叙外在干扰时，多花笔墨写自己内心感受的曲折，会使读者的心跟着起起落落，文章更具感染力。同样，在记叙克服困难的过程时，不仅要点明朋友鼓励的重要性，更要点明在朋友的帮助下自己内心的挣扎和成长。这样的叙事才能凸显主题，同时吸引读者。

综上，一件事叙述得生动与否，很大程度上取决于叙述的方式。叙事前，学会寻找事件的曲折点、内心感受的曲折点，让读者的心情随之起起落落，这样你的文章一定不会无趣。

叙事综合写作课

专题　以小见大：小细节，大思考

写作任务：记一件发生在自己身边的小事，并告诉读者它值得记录的原因。600字以上。

1. 唤醒

生活由许多平淡无奇的小事组成，但有些小事吸引了你的注意，可能是因为它有趣，也可能是因为它引起了你的思考，给予你启发。请列出让你有印象的事情，并写出理由。

提问环节，学生分享自己的创作想法，同学就"他的表述中有没有让你觉得很有趣或很有启发的部分"进行讨论分析，学生根据读者的建议选择恰当的素材，保证素材的有效性。

学生运用思维导图理清写作思路，确定需要聚焦的画面。

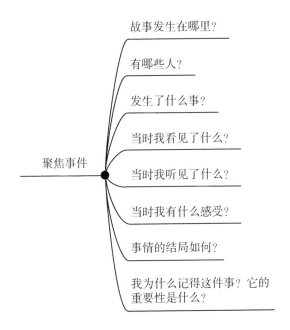

2. 决定

确定素材之后,学生确定叙述顺序,保证结构清晰。记叙顺序可采用顺叙手法,将读者直接带入情境中;也可以选择倒叙手法,回溯过往。

3. 分享与修改

学生在班级上展示自己创作的叙事作文,师生就三个问题进行讨论并修改。

问题1：作者的记叙顺序是哪一种？是否清晰？

问题2：作者记叙的事件是什么？这件事为什么值得记录？

问题3：有没有让读者"看见"行为的细节？

4. 佳作欣赏

挑 战 人 心

吴倚雯（初二）

学校饮水机易堵塞，但凡有一丝茶渣便会形成一个小旋涡，久久不散。我们大多会任凭茶渣打旋，等着清洁阿姨打扫。

又是一个阳光明媚的午后，饮水机旁反常地没有人。我眯起眼睛，远远一看，果然是几片明黄的柠檬片塞住了饮水机的出水口。想都不必想，大家肯定像往常一样跺着松散的步子下楼，换一部饮水机装水。

初一的学弟学妹们来得晚，我身边只有一个白净瘦弱的女孩在装水。可惜啊，她的水杯茶网松脱了，枸杞、柠檬一股脑地倒入了饮水机。我暗暗地责怪她笨手笨脚，却又暗自庆幸自己的三个杯子都打得满满当当。她"呀"地喊了一声，显然被饮水机立即形成的小旋涡吓到了，旋即便掉头跑了。跑之前，还不忘把茶杯和茶网在饮水机下细细地冲刷，确保完全洗干净。

我看看手表，微微觉得好笑，不急，还没到人潮涌来时，没人看到她的所作所为，除了刚睡醒还在犯迷糊的我。

出人意料地，她回来了，动作比跑走时更迅速，从凌乱的发丝可见她找出那瓶洗手液的不易。只见她直接用纸巾层层包裹住茶渣，连带隔壁小饮水机的茶渣也包上，快速地扔入垃圾桶。或许是感觉到了我的目光，她对我笑了。她在午后骄阳的映照下更显白净，明眸皓齿，极干净又极温柔。

我上楼后发现，这一层的饮水机仍然被堵着，看着一个个围上去又失望散开的人，我心里也有些堵。我走过去，用纸巾仔细地包起茶渣，扔掉，洗手。多么简单的事情，我顺手便做了，看着饮水机旁的人逐渐增多，心中顿时畅快。

小学妹自然而然的动作敲打着我的心，我感到十分惭愧！为自己对堵塞的饮水机视而不见，为自己在饮水机堵塞前装到水的庆幸，为自己以恶意的眼光揣测他人，却被善意的行为踹了一脚，为这一桩桩一件件感到惭愧。

何为人心？小事见人心，在生活的点点滴滴，方方面面皆见人心。

我将这一件事定义为"挑战人心"，不为别的，只为我一开始浅薄地去揣测他人的行为，而这位学妹的善意却"挑战"了我的内心。在这场无形的"比拼"中，我明白了"勿以善小而不为"的道理。小事，见人心。

点评时间：

[我是霸道主题咖]

作者记叙了自己在学校饮水机旁见到的一幕：学妹清理堵塞饮水机的茶渣。这让本来误会她的"我"异常羞愧，随后"我"也学着学妹清理了饮水机。事件虽小，但是表达的主题很深刻：勿以善小而不为。

[我是严谨结构君]

顺叙。

[我是炫酷句子迷]

（1）善于抓住事件的曲折点。

打水，发现饮水机被堵塞（起）——下楼打水（落）；

学妹不小心洒落茶渣（起）——学妹掉头跑掉（落）；

学妹跑回（起）——清理茶渣（落）。

本是一件小事，但作者非常擅长抓住事件的曲折点，制造悬念，吸引读者的阅读兴趣。

（2）细节描写很有画面感。

"从凌乱的发丝可见她找出那瓶洗手液的不易。只见她直接用纸巾层层包裹住茶渣，连带隔壁小饮水机的茶渣也包上，快速地扔入垃圾桶。"采用 ing 时态描写，动作描写简单清晰，极具画面感。

大英博物馆参观记

邹颖霖（初二）

身处大英博物馆，才能深切地感受到人造建筑的巧夺天工。如钻石切面的玻璃天花板将阳光泻向每一个角落，圆形大厅的中间是纪念品商店，数个小门通往不同主题的展馆。

参观前，我在纪念品商店游荡，挑中了一款拳头大小的维纳斯雕塑，其通体圣白无瑕，羽翼和双眸被打磨得细致入微，仿佛下一秒便会展开翅膀飞向天际。我正小心地翻看着价牌，却发现底下用秀丽的花体英文写着——中国制造。

我顿时兴致缺缺，放下雕像返回集合点，导游告诉我们这里最有看点的其实是中国馆，与亚洲馆独立分开。我将信将疑，还是选择先去看欧洲馆。

单调。希腊，单调的纯白雕像；英国，单调的鎏金权杖；法国，单调的教堂碎片。不到 20 分钟我便环游完欧洲馆一圈，进入中国馆。

惊艳。玉器剔透，龙袍富贵，佛像庄严，壁画恢宏，唐三彩喜庆，御刀具肃杀，它们交相辉映，令人应接不暇。我最终停在一件汉服款式的舞衣前，舞衣上 3.5 万只孔雀蓝蝴蝶簇拥在一起，每一只单独成型，从躯体到蝶翼都被打磨得细致入微，仿佛下一秒便会舒展开来飞向花丛，每一只都仿佛一个模子刻出来的。水袖轻纱，长摆及地。我仿佛能看见舞女起跳，弯腰，舒展，蝴蝶轻轻扑开空气中的纤尘，紧紧追随。一曲毕，蝴蝶全在她身上小憩，幽蓝深邃，偶尔几只不安分的微微正了正身子，继续重归宁静。

好一件蓝蝶舞霓裳，我的手触在玻璃上，仿佛这样心灵就能与它更近，我的眼如饥似渴地盯它，不愿放过任何一个细节。这是一场跨越千里的邂逅，一次打破亘古时光的无言对话。

走出展馆，恰好看见另一位旅客也把维纳斯雕塑放回原位。可怜的维纳斯啊，怕是永远飞不出这商店了。蝶衣、雕塑，出自同一方水土，源于同一国人民，却遭受如此差别待遇。其实是人心在作祟，艺术走上了两种极端的道路。其一是用来雕琢情感，体现匠心；匠人精益求精，作品独具特色，不可模仿，情中有艺，艺中有情。他们的手艺，承载了自己的整个精神世界。

而更多人走的道路，是为了那一沓沓鲜红的纸币罢了。省钱，偷工减料，省时间，粗制滥造。随着这种拜金主义在我国的流行，世人对中国制造产生了抵触情绪，中国真正的艺术也廉价了——有谁能担保你的作品在制作时像预想中那么用心？这维纳斯雕塑，正是因为这种失望而被禁锢，只能望着那如钻石般的玻璃天花板和湛蓝的天空发呆。

当大家对伪劣的奶粉、疫苗谩骂时，受损的却是良心商家。还有人记得吗？陶艺、琉璃、青瓷、丝绸、长城、故宫、西安古城、港珠澳大桥，也是中国制造。

这场无言的对话，我读不懂，也读不出，那一座小雕塑是否苍凉与不甘，那蝴蝶舞衣看着来往的人群不可置信的眼神可曾感慨人心叵测，为现状感到遗憾。

是我们在历史的长河中不进而退了吗？是我们的灵感手艺逊于先人吗？是中国制造赶不上时代的脚步了吗？说到底，是因为我们变得太"聪明"了。

点评时间：

[我是霸道主题咖]

作者记叙了参观大英博物馆的经历，对中国馆由兴致缺缺到赞叹惊艳，再到对中国制造的深思，小切入，大主题。读罢发人深省。

[我是严谨结构君]

记叙顺序为顺叙，全文结构为先记叙后议论。

[我是炫酷句子迷]

（1）情感的渐变交代清晰。

作者特别擅长抓住内心的曲折点，制造波澜。如作者本挑中了一款拳头大小的维纳斯雕塑，一看是中国制造，顿时兴致缺缺。带着期望参观欧洲馆，失望而归，带着将信将疑的心态参观中国馆，却惊艳不已。一波三折，趣味顿生。读者也在曲折中跟着作者思考中国制造的现代意义。

（2）描写细腻，且加入联想。

作者在描写"蓝蝶舞霓裳"时，非常自然地加入了自己的联想。舞女与蝴蝶共舞的画面，使原本静止呆板的画面动了起来，也使读者充分感受到了汉服的精致华美。

（3）议论精妙，讽刺手法加分。

文章结尾段连用三个反问句，最后以"说到底，是因为我们变得太'聪明'了"一句结尾，"太'聪明'"一词讽刺意味浓厚，暗指我们急功近利，疏远匠心。字字铿锵，引人深思。

金 Sir 灭鼠记

梁轩曈（初二）

金 Sir，一个长得酷似《破冰行动》里的林耀东的帅气老师，一个不苟言笑的数学老师。老鼠，就是一只可怜的老鼠。一只老鼠和一个数学老师之间，会擦出怎样的火花呢？

一个普通的夜晚，班里的同学都在乖乖地上自习。教室里很安静，安静得有些恐怖，只是因为那天是金 Sir 看晚修。

大家都在安静地写作业，这时，坐在我旁边的一个女生突然大叫起来。金Sir本想训斥她,接着又传来了几声尖利的叫声。一个男生大叫道:"有老鼠啊!"许多人也跟着喊起来:"我看见一个黑影从我旁边飞过!""我感觉老鼠在蹭我的脚!""那个老鼠跑得好快,像飞一样!"金Sir实在听不下去了,他从座位上站起来,一拍讲台:"全部给我闭嘴!"全班瞬间安静,他又问:"老鼠去了哪里?"七嘴八舌中,他终于知道老鼠躲进了垃圾房。他站起身,拍拍裤子,向垃圾房走去。我们忍住不敢笑,因为都知道金Sir要向老鼠下手了。

金Sir蹑手蹑脚地走到垃圾房门口,用手招呼两个男同学上前。"你们两个用垃圾桶把门堵住,不要那么大声。"因为在上晚修,现在捉老鼠可能会弄出很大的声响,金Sir淡定地说:"你们安静上晚修啊,我帮你们看着这只老鼠,下课我们一起把它捉了。"大家仍旧兴致勃勃地讨论着这件事,直到金Sir发话:"你们再吵我就把它放出来!"那可不行!大家马上安静下来。

过了10分钟,下课铃很给面子地响了,我们一窝蜂地拥上前去,想看看金Sir怎么处理这只打扰我们上晚修的老鼠。

只见金Sir穿着皮鞋,抬起脚,正在寻找目标。那只老鼠还在悠闲地呆坐着,不知自己将死的命运。金Sir眯起眼睛,很快看到了那只老鼠。老鼠惊呆立住一秒,金Sir抬起脚,一脚踩了下去,不料却没有踩中。伴随着围观人群的几声尖叫声,金Sir连出几脚,老鼠逃无可逃,接连被命中。"金Sir的动作像极了老年迪斯科!"有同学喊道,其他同学纷纷附和着大笑。老鼠在金Sir谜一般的舞姿中原地去世了。

随后,金Sir用脚将老鼠拨进一旁的垃圾桶,一边感叹说:

"唉，这双皮鞋不能要了。"我们听着他滑稽的语气，捂着肚子大笑起来。

临了，他还叮嘱我们："不要往外说，不然我的人设就崩了！"好，我们答应你，不说不说。

点评时间：

［我是霸道主题咖］

作者记叙了严肃的金 Sir 晚修后捉老鼠的事件，塑造了一位风趣的数学老师形象。事件小而有趣。

［我是严谨结构君］

顺叙。

［我是炫酷句子迷］

（1）人物描写方法丰富恰当。

神态描写、语言描写、动作描写，细致传神，画面感极强。

（2）叙事起伏有致。

"发现老鼠"后作者"预想金 Sir 对老鼠下手"，读者的胃口被吊起来，以为马上就要开始人鼠大战了。可金 Sir 不过是让同学堵住门而已，随后竟然是安静地继续自习，读者的心落下来。这时下课铃响了，读者的心又提了起来，人鼠大战开始。结束时读者依然感觉意犹未尽。叙事一波三折，生动有趣。

第五章

应 试 篇

让生命中的文化意象成为拿高分的绝招。

文章记录的是每个人独特的生命体验。但生活中不只有人,当我们把目光放远一点,把视野放宽一点,我们会发现脚下的这片土地同样值得书写。"一方水土养一方人",每个地方都有其深厚的历史文化底蕴、独特的风物和习俗。作家作品往往有其独特的地域文化背景:莫言有他的高密,汪曾祺有他的高邮,沈从文有他的湘西,老舍有他的北平,张爱玲有她的老上海。我们则有脚下的这片土地,它的山川风貌、风土人情、信仰习俗也深深地影响着我们。

　　地域文化因此也成为中学生作文的重要资源。地域文化不是空的,而是具体的,甚至是细节丰富的。它包括我们生活的方方面面:地方特色美食、地方方言、建筑、传统节日习俗、特色文化形式。了解、熟悉并描写本地极具特色的人、事、物,让他们在文字中得以保留,也是传承文化的一种方式。

　　本章分为五个写作专题,分别为:"美食文化""语言文化""地方传统特色文化""传统节日文化""建筑文化"。每个专题分四个部分展开:写作任务展示、真实情境导航、名家作品示范、佳作欣赏。涉及具体写作方法时,会有"描写策略指导"。你准备好了吗?

第一讲　美食文化

1. 写作任务展示

故乡的味道是什么？是鲁迅《社戏》中好吃的豆子，是林清玄笔下甘甜的红心番薯，是汪曾祺念念不忘的端午鸭蛋。家乡的味道就是美食的味道。写一篇关于家乡美食的文章，表达自己的情感。题目自拟，字数600字以上。

2. 真实情境导航

建议学生利用寒暑假回老家探亲，尝尝地道的家乡菜，还可亲自参与制作美食，并通过询问长辈、查询资料等方式，整理出这道美食的制作方法及特色。

3. 名家作品示范

学生通过阅读名家作品，提高语言表达能力，拓展写作思路。推荐篇目：汪曾祺《端午的鸭蛋》、柯灵《酒》、迟子建《故乡的吃食》、琦君《粽子里的乡愁》、林清玄《红心番薯》

《冰糖芋泥》等。还可以观看纪录片《舌尖上的中国》,学习味觉描写的方法。

4. 描写策略指导

(1) 运用五感写作法,观其色,摹其形,闻其香,品其味。

说到这里,黄蓉笑盈盈地托了一只木盘出来,放在桌上,盘中三碗白米饭,一只酒杯,另有两大碗菜肴。郭靖只觉得甜香扑鼻,说不出的舒服受用,只见一碗是炙牛肉条,只不过香气浓郁,尚不见有何特异。另一碗却是碧绿的清汤中浮着数十颗殷红的樱桃,又飘着六八片粉红色的花瓣,底下衬着嫩笋丁子,红白绿三色辉映,鲜艳夺目,汤中泛出荷叶的清香,想来这清汤是以荷叶熬成的了。(金庸《射雕英雄传》)

丰富鲜明的颜色,加上荷叶香气,给读者以丰富的感官刺激。读者虽未品尝美味,却已经知道黄蓉手艺之高妙了。

(2) 让味道"游走"身体。描写人的感受反应,表现享用美食的情趣。

歇了老大半天,他到桥头吃了碗老豆腐:醋,酱油,花椒油,韭菜末,被热的雪白的豆腐一烫,发出点顶香美的味儿,香得使祥子要闭住气;捧着碗,看着那深绿的韭菜末儿,他的手不住的哆嗦。吃了一口,豆腐把身里烫开一条路;他自己下手又加了两小勺辣椒油。一碗吃完,他的汗已湿透了裤腰。半闭着眼,把碗递出去:"再来一碗!"(老舍《骆驼祥子》)

有的作家通过描写人物的动作、神态、语言来表现食物带给人的感受。这里老舍直接描写食物带给人的身体感受："豆腐把身里烫开一条路。"每次看到这个描写，仿佛都能感到热腾腾的香气在肚内穿梭。

（3）比较法，凸显特色。

高邮咸蛋的特点是质细而油多。蛋白柔嫩，不似别处的发干、发粉，入口如嚼石灰。（汪曾祺《端午的鸭蛋》）

当你想要传达食物的特色时，可借助比较法，使其特点更加突出。

5. 佳作欣赏

顺德夜味道

陈沛曦（初二）

夜幕降临，浓郁的油烟味从那些白天默不作声的街道传出——顺德夜市开市了！

循着那丝熟悉的肉香找去，终于找到了那家排档，我找了个位坐下。

每次来这儿，首点咸猪骨粥。长时间的熬制与浓香的口感，使它成为吃夜宵时人们必点的菜肴。猪骨抹盐腌制五六个钟头，同菜干、香米、花生一起放入瓦罐煲中小火熬两个小时，慢慢熬出了时间的味道。

眼前这煲粥腾着热气，一种深沉却好似有点烧焦的香味涌入鼻腔，却不见烧焦的痕迹——这是因为排档老板对火候把握得恰到好处。菜干铺在粥面上，似顺德的夜晚这般深沉；黏稠的粥缓慢地流入碗中，令我想起深夜大良不紧不慌的生活节奏；大块的猪骨一咬便知是上好食材，彰显老板大气、豪爽的性格；还有那葱花和花生的点缀，让一锅正宗的顺德咸猪骨粥掀起夜市气氛的高潮。

吞下软绵的粥与菜干，直接上手吃猪骨，吮吸猪骨精华，一股香甜的热流夹杂着残留的香米温热了心头，换得满口留香。我咂巴着嘴。

排档门前，摩托车沿路排了好长的一列。老板边给客人写单，边喝住两个伙计去给等位的客人搬桌："加两个桌！"

老板是土生土长的顺德人，刚写完单，就穿着他那双大拖鞋啪嗒啪嗒地进了厨房。透过浓烟覆盖的玻璃，还能隐约看到他正把弄着自己的拿手好菜——干炒牛河。倒油，将蒜块抛入锅中爆香，倒入牛肉、河粉，竟还不忘炫一下技——只见他手一按，锅中的东西都抛到了半空中，锅铲一压，东西稳稳入锅。再撒萝卜丝，翻几下，装盘出菜。每晚，他就这样用锅铲翻出满堂飘香，干脆、爽朗，像他的为人。

一锅粥，一盘粉，几支冰啤。这是专属顺德的夜味道。此刻，时间好似找到了可寄托的地方，化身成一碗精美朴实的咸猪骨粥，供人们回味。喝着粥，吃着粉，灌着酒，红着脸颊吹着牛，时间慢下来。人们爽朗的笑声、厨房里锅铲与锅擦过而腾出火苗的声音、不时飞驰而过的摩托车甩下的长长的马达声，交织成一片，好不热闹。

我品着热茶，感受肚中尚存的余热，想：顺德夜晚慢生活的惬意，莫非是时间的另一番风味？

顺德夜味道，不得不说，满口留香，让人满心欢畅……

点评时间：

[我是霸道主题咖]

作者描写了逛顺德夜市吃咸猪骨粥的经历，不仅表现了食物的美味，还表现了顺德慢生活的怡然自得。一碗粥代表一座城的味道，选材新颖，主题清晰。

[我是严谨结构君]

顺叙。

[我是炫酷句子迷]

（1）比喻有创意：一碗粥像一座城。

"菜干铺在粥面上，似顺德的夜晚这般深沉；黏稠的粥缓慢地流入碗中，令我想起了深夜大良不紧不慌的生活节奏；大块的猪骨一咬便知是上好食材，彰显老板大气、豪爽的性格；还有那葱花和花生的点缀，让一锅正宗的顺德咸猪骨粥掀起夜市气氛的高潮。"

（2）动作描写精练又准确，极具画面感。

"倒油，将蒜块抛入锅中爆香，倒入牛肉、河粉，竟还不忘炫一下技——只见他手一按，锅中的东西都抛到了半空中，锅铲一压，东西稳稳入锅。再撒萝卜丝，翻几下，装盘出菜。每晚，他就这样用锅铲翻出了满堂飘香，干脆、爽朗，像他的为人。"

佛山真的很"佛系"

吴倚雯（初二）

祖庙壁上的人儿眉目流转，岭南天地的楼阁折射阳光，某个转角的肠粉店香飘十里，它们让我觉得佛山真是个韵味十足的城市。

最喜清晨肠粉香

佛山的清晨，不早也不晚，就踏准 7 点吧，对面街"庆嫂肠粉"的热闹景象是必有的风景。说实话，那样的早晨真是少有，穿着薄衫踱步于晨露中，沾了不少湿意，远远地听见公园的老人哼着老旧的曲子。我照例走进"庆嫂肠粉"，挑了个多荫的宝地遮阳。这里的老板娘真像是与我相熟许久，问也不问我点什么，径直向厨房高喊："玉米肉片不加葱！"

但实在是我幸运，只与她打过几次照面，现在却能在一个人满为患的早晨得之照拂，感激不尽，怡然自得。这时我只须摆晃着脑袋，眯缝着眼睛，细细打量四周的人群。

二中的学生匆匆忙忙地朝老板喊："不加葱一份，加葱三份！"他们额头上有汗，步子也不停地乱踏着。白领们三两个聚在一起，闲聊公司八卦。还有呢？还有年轻的妈妈给孩子碗中的肠粉"呼呼"地吹着气，一切都具有十足的生活味儿。

我的肠粉到了，玉米粒儿蒸得饱满圆润，肉片在米白色的皮中若隐若现，有一揪葱丝站在尖端。我用筷子拨弄一下，有趣极了！无意中放错的一点葱，新绿的颜色，让人心尖都长满了浪漫的草。

最恋祖庙展清浅

祖庙的午后，丹青朱红的墙壁有不可磨灭的神韵。那样的下午也是罕见的，日光熹微，屋檐勾起三千繁华。祖庙在车水马龙的街道边独得一丝清静。随处可见的壁画让人印象深刻。或许是战争年代的缘故，内容多为依依惜别。母子间，男儿背着行囊，母亲拄杖相送；情人间，男子与女子紧紧相拥，身后是硝烟万丈。出乎我意料的是，历史的悠长、战争的残酷都以这种简单平常的场景展现。确实不壮观，但是令人震撼。谁说历史一定要轰轰烈烈，这番踱步后却觉得佛山历史平淡清浅，让我感动许久。

在那样一个下午啊，上了年头的青石板间有几株蕨类小草，虎头虎脑惹人爱，阳光被树荫磨去几分毒辣。我待粤韵几转悠悠散去后，拂拂衣襟，出门离去。牌坊门口的猫咪也放下防备，敞开圆滚的肚子任人揉捏……这是佛山的午后，斋粉在阳光下轻扬，平淡而清浅。

来佛山吧，来感受安宁、平和的日夜。这里的人和事都有淡定的光泽。你要是问我何为佛山符号，我便会答：禅意、佛系。

你若要再问，那便是：且行且观风与月，不问何处是归期。

点评时间：

[我是霸道主题咖]

佛山自古以来就是历史文化名城，作者正是从脚下的土壤中提炼创作的元素，选择"早晨吃肠粉"和"午后逛祖庙"两个场景来表现。"肠粉"见人情，"祖庙"见历史。选材别具匠心，主题清晰深刻。

[我是严谨结构君]

全文为"总—分—总"结构，采用两个小标题并列串起主要内容。结构清晰，独具匠心。

[我是炫酷句子迷]

(1) 美食描写：多用颜色，画面感强。

"玉米粒儿蒸得饱满圆润，肉片在米白色的皮中若隐若现。"

(2) 擅长描绘场面，突出"佛系"主题。

作者不仅描写了自己吃肠粉时店主的热情，还选取"学生""白领""妈妈"三类人进行描写，表现佛山清晨的勃勃生机与温情；不仅细写祖庙壁画，还选取"蕨类小草""阳光""粤韵""牌坊门口的猫咪"等来表现佛山午后的惬意慵懒。

遇见唯一的开平

孔芷逸（初一）

犹记年少记忆中的那条赤坎古巷，一排排古老的骑楼，墙上斑驳的店铺号印证了这里曾经的繁荣昌盛。虽历经数年风雨的打磨，但岁月沉淀下的印记依然残存着种种美好。

小时候，正是赤坎古镇繁华之时，五湖四海的宾客慕名而至，只为一睹古镇的风光。赤坎依山傍水，大街小巷弥漫着各式特色小吃的香气：外脆内软的豆腐角，香脆可口的煲仔饭……真正令我一闻钟情的，却是那和谐地融合了牛杂的浓香与清汤的鲜甜的牛杂粉。

这是一家毫不起眼的小店，隐藏在最不引人注意的角落。古老的店铺，更古老的牌匾，"大海牛杂"这四个字早已褪色，字体的轮廓也只能模糊地辨认。店内陈设简陋，食客却络绎不绝，店里坐满了人，排队的人数更是可观。

我对你，一见倾心。

牛杂粉的制作甚是考究。先说汤头。这是一碗牛杂粉的灵魂，牛骨劈开，加上牛腩，大火猛滚，小火细炖，骨髓油熬出，汤色嫩白如玉，外加七八味中药提鲜提香，更提升营养价值。再说粉。优质黏米制作的细米粉，爽软韧柔劲道。每天采购新鲜的牛杂、牛肚、牛肝、牛心等，用香叶、桂皮等熬制入味。

一碗牛杂粉，上有色香味俱全的牛杂，下有滑嫩白净的细米粉，再加上口感丰富的汤底，香气萦绕鼻尖，让人垂涎欲滴。拿起筷子尝上一口，顺溜无比，齿颊留香。喝上一口汤，油而不腻，那香气仿佛要从每个毛孔里渗透出来，那股畅快淋漓的感觉，难以言喻。

如今，古镇改造在即，周围的商家已陆续撤走，有关店的，也有去别处寻找商机的。我问老板娘：啥时候搬？还会开新店吗？老板娘却淡然地说这店是她爷爷传给她爸爸，她爸爸再传给她的，店会一直在的。

岁月悠悠，波光明灭，泡沫聚散，唯有开平人这份传承家乡美食的信念和对家乡的坚守从来不变。

开平从来都不是我一人的开平。

妈妈是开平人，外公外婆出国前，每个寒暑假，我们都会雷打不动地回开平小住，雷打不动地光顾这家小店。

外公出国一年后，回国度假。妈妈问他，先回南海住几天，还是先回开平。外公说："当然先回开平，开平才是我的家呀！"

当汽车风驰电掣地行驶在高速公路上，坐了15小时飞机的外公神采奕奕地盯着窗外呼啸而过的风景，他说："人人都说自己的家乡好，我也觉得开平最好！"

第二天早上，外公一如既往地带我去吃牛杂粉。像往常一样，拿只小碗，细心地夹一撮粉，再选软烂易嚼的牛杂夹到我碗里，细细地叮咛："小心烫，慢点吃。"他已经忘记了，我早已不是当年那个喝一点热汤就满脸通红的小女孩了，但我依然乐意接受。

一碗牛杂粉，带着独有的浓香，带着儿时温馨的回忆，带着开平人对故乡的眷恋，就这样留在我的脑海里，成为我的唯一，也成为外公最香醇的乡愁。

点评时间：

[我是霸道主题咖]

作者讲述了对开平赤坎古巷牛杂粉的回忆，它既是"我"记忆中鲜美的味道，也体现了古镇改造之时店家的坚守，更是外公最香醇的乡愁。文章主题深刻，过渡自然，是一篇文质兼美的好文。

[我是严谨结构君]

倒叙。

[我是炫酷句子迷]

（1）味觉描写：一样一样地写。

"先说汤头。""再说粉。"一样一样地写，清晰明了。

（2）味觉描写：让味道"游走"身体。

"拿起筷子尝上一口，顺溜无比，齿颊留香。喝上一口汤，油而不腻，那香气仿佛要从每个毛孔里渗透出来，那股畅快淋漓的感觉，难以言喻。"先说舌尖上的感受，一口吃下，"香气仿佛要从每个毛孔里渗透出来"。这是让味道经舌头"游走"整个身体，让感受更加深入，描写精彩！

顺德"鱼"文化

吴双（初一）

一方水土，一方食味。顺德的美食文化丰富多彩，源远流长。千百年来，顺德人孜孜不倦地追求着味道的极致。一种食材他们可以发掘出上百种吃法，也能花费半年时间，只为制作一道佳肴。许多人来到顺德，对这里的美味都赞不绝口。而在这里给大家介绍的便是——鱼。

顺德厨师擅长做鱼。鱼的每个部位，皆可做成美食。顺德人吃鱼，主要追求鱼的鲜、嫩、柔、滑。最为有名的是无骨鱼片。将鱼剔尽鱼骨，剩下的鱼肉切成厚度不到2毫米的薄片。这既考验厨师的刀工，也考验厨师的耐心。鱼片放入沸水中，半分钟即熟。一口吃下，有一种入口即化的感觉，鱼的鲜美细腻展现得淋漓尽致。真是"一锅无骨鱼，征服四方客"啊！

除做成无骨鱼片外，还有一种更细腻的吃法——鱼生。鱼生是中国美食的活化石，从唐宋延续至今。顺德菜肴着重追求食物的本味，所以每片鱼片的厚度不超过0.5毫米，薄如蝉翼，晶莹别透。拌上油和盐，传统鱼生就制作好了。这样的吃法，最能彰显鱼肉的新鲜和口感的柔韧。为适应现代人的口味，今天的顺德鱼生加入了更加多样的作料调味。像姜丝、花生米、洋葱丝、青瓜丝等，都十分常见。这种鱼生看上去色泽鲜艳，让人食欲大增。口感非常清新，各种作料的味道在嘴中绽开，风味十足。咬一口鱼生，绵柔得似吃了一片云进去。爽口的作料加上嫩滑的鱼生，确是刚中带柔，人间美味！

最极致的做法是菜中无鱼，而鱼鲜无处不在。柚子肥厚的皮先用火烤，去除涩味。水洗，进一步褪尽苦味。鲮鱼油煎，再添水慢炖两小时。之后，鲮鱼低调退场，只留下汤汁。这时加入柚皮，纤维疏松的柚皮吸饱汤汁，丰醇中多了一种果香。原本弃之不用的柚皮，经过厨师的匠心巧手，成为佳肴——鱼汤柚皮。

酿苦瓜、酿青椒是顺德的家常菜。将反复摔打后的鲮鱼肉茸当馅放入去芯的苦瓜和青椒中，拿去煎熟便大功告成了。咬一口，苦瓜、青椒清脆，鲮鱼外酥里嫩。

当然，除了这几样，顺德人还能把鱼的各个部位发挥利用得很完美，如凉拌鱼皮、鱼肠煎蛋、炸鱼骨、清蒸鱼头、桑叶鱼丸汤等。这些都是花样翻新后的菜式。

"食在广东，厨出凤城"，足见顺德人对美食的热爱，而顺德"鱼"的传承，从未停止。

点评时间：

[我是霸道主题咖]

作者描写了顺德的美食文化。以最有特色的"鱼"为代表，表现了顺德人对美食的极致追求，也表现了自己身为顺德人的骄傲。

[我是严谨结构君]

逻辑顺序，由主到次。

[我是炫酷句子迷]

（1）味觉描写精彩到位。

"口感非常清新，各种作料的味道在嘴中绽开，风味十足。

咬一口鱼生，绵柔得似吃了一片云进去。"通过描写人物的感受来展现享用美食的乐趣，并运用比喻手法，使感受更为细腻。

（2）制作过程描写精细。

"柚子肥厚的皮先用火烤，去除涩味。水洗，进一步褪尽苦味。鲮鱼油煎，再添水慢炖两小时。之后，鲮鱼低调退场，只留下汤汁。这时加入柚皮，纤维疏松的柚皮吸饱汤汁，丰醇中多了一种果香。"一步一步地清晰介绍，展现了作者了解之详细。

第二讲 语言文化

春节回家,发现一个有意思的现象。我外甥女 4 岁,我妈妈多用宜昌方言和她交流,她上幼儿园一年,学会了普通话,可仍时不时冒出方言词语,那一本正经搞笑的样子真是可爱。可细想,在她身上,正展现着普通话与方言交织的矛盾。语言是我们最熟悉也最容易忽略的话题,班上有的学生会几门语言,也有的学生面临不会说家乡话的尴尬。作文教学应回归真实生活,让学生在真实世界里写作。因此,本次写作专题聚焦点为身边的语言文化现象。

1. 写作任务展示

写一篇跟家乡语言故事相关的文章。可以是方言,也可以是其他形式,包括戏曲等。题目自拟,字数 600 字以上。

2. 真实情境导航

采访自己的父母及爷爷奶奶,记录他们的语言情况,收集他们关于语言的故事,这里的语言不仅仅包括口头语言,也包括其他形式,如戏曲。

3. 名家作品示范

学生自由阅读,学习语言表达,拓展写作思路。推荐篇目:沈从文《云南的歌会》、陈建功《"京味儿"三品》、萧乾《吆喝》。

4. 描写策略指导

描写语言少不了描写声音,描写声音的方法可直接用形容词修饰,也可活用比喻和通感手法,让声音更立体。

(1)活用比喻。

(箫声)渐渐低音中偶有珠玉跳跃,清脆短促,此伏彼起,繁音渐增,先如鸣泉飞溅,继而如群卉争艳,花团锦簇,更夹着间关鸟语,彼鸣我和,渐渐的百鸟离去,春残花落,但闻雨声萧萧,一片凄凉肃杀之象,细雨绵绵,若有若无,终于万籁俱寂。箫声停顿良久,众人这才如梦初醒。(金庸《笑傲江湖》)

金庸先生的高明之处在于描写既有听觉上的联想,又有视觉的助力,加之最后的侧面描写,虽未曾听过"笑傲江湖之曲",但也能感受曲调之精妙了。

(2)运用通感手法。

(歌声)她圆润的歌喉在夜空中颤动,听起来似乎辽远而又逼近,似乎柔和而又铿锵。歌词像珠子似的从她的一笑一颦中,从她的优雅的"水袖"中,从她的婀娜的身段中,一粒一粒地

滚下来，滴在地上，溅到空中，落进每一个人的心里，引起一片深远的回音。(叶君健《看戏》)

作者将无形的歌声比作有形的珠子，写出了梅兰芳字正腔圆的特点。

5. 佳作欣赏

客家人的守望

李思陈（初二）

我是一个客家人，一个不会说客家话的客家人。

这话要是放在十年前，不管在任何地方，绝对是要经受任何一个人那混杂着惊愕、尴尬甚至愤怒、怜悯的目光的洗礼的。我甚至不想让别人知道自己是客家人，为此父亲总是感到脸上无光。

可现在，长辈们的聊天成了这样——"唉，我那儿子，一句客家话都不会讲！""欸？我们家那个也不会……"语气中有惋惜，但更多的是奇怪的骄傲。

半夜，父亲突然打了个寒噤。接着又打了一个。父亲怕不是得了帕金森病，我暗想。一觉醒来，父亲突然说："儿子啊，从今天开始，我们日常生活交流都用客家话。"在没日没夜的语言攻击下，我学会了500多字的客家话发音，也终于能在春节时亲戚的"会不会讲客家话啊"的问题下幸免于难。

上了初中，紧张的学习进度立刻吞没了我。在操着清一色标准普通话的同学和老师中,我"梦里不知身是'客'"。

语文诗词课上。"……《诗经》里诗句的尾字,有时并不押韵。像'在水之湄'的'湄',古音读——""mí。"我呢喃道。没承想,老师的口型也对上了"mi"的发音。好巧不巧,做语文作业时,看到这样一句话:"客语是古汉语的承袭……尤以唐宋时期最明显。"像小孩子一样,我兴高采烈地打电话给父亲:"原来客家话这么高级!"

父亲在电话那头笑笑,你每天都在学客家话呢。知道为什么苏轼一天想吃三百颗荔枝吗?不知道。因为他老人家把"一颗荔枝三把火"听成"日啖荔枝三百颗"了啊。仿佛只听这些叹词,我都能想象到父亲拿着手机得意扬扬、眉飞色舞的情景。"你还知道'粮要解营'怎么会被舛讹成'娘要嫁人'吗……"

"可又有谁知道呢?"父亲突然幽幽地来了一句。我打了个寒噤。又打了一个。父亲站在窗前,目光深邃却苍茫。不用想象,他正将目光投向暮色下的东北方——M市的方向。

我等待着,沉默地等待着他将目光收回,然后像没事人一样说出幽默的话。可是他没有。

在室友惊愕的目光下,加之电话要断线了,我刚欲开口——"儿子,我给你报了个客家话培训课,这是我一个朋友办的,要给你老爸争光啊!"——然后就被这一蓄力后的连珠炮打得回不过神来。"我有时也会去那儿做兼职喔。了解?拜拜!"咔嗒一声,电话挂了。

我愣了,接着是会心的笑:您的守望,有结果了吧。我想,我终于有资格说出:"我是一个客家人!一个能说客家话的客家人!"

点评时间：

[我是霸道主题咖]

　　作者记叙了自己身为客家人，从不会客家话到了解并喜爱客家方言的经历，写出了自己对客家文化的认同，真实而深刻。

[我是严谨结构君]

　　顺叙。

[我是炫酷句子迷]

　　人物形象刻画生动：一个热爱家乡文化的父亲，一个在成长中与客家文化日渐亲近的孩子，通过语言描写，寥寥几笔，形象顿出。

有一种声音，在记忆深处
盛雯奕（初二）

　　"胡大姐，哎！我的妻，啊！"这段花鼓戏《刘海砍樵》中的经典桥段可谓是脍炙人口，在湖南，几乎人人能歌，人人能诵。

　　奶奶是地道的戏迷。从湖南乡下来到佛山，带了一大包花鼓戏的服装。这时，奶奶正拿着两把毛茸茸的粉扇子，在阳台上饶有兴致地扮演胡秀英呢！奶奶衣着粉色长裙，腰间有一朵绽放的莲做点缀。手拿两把毛茸茸的粉扇子，左一摆，右一放。她用长沙官话唱着，激越而又铿锵，字字清脆，声声洪亮。"多美啊！"奶奶沉醉于戏中，我只觉得这戏曲也只不过"咿咿呀呀"，远远不及我爱的流行音乐，唱来唱去也没个新意。

黄昏时分，奶奶邀我一同去公园散步。公园里空气被染上一层素淡的温煦，多少有些黄昏的味道。被太阳光照到的那块土地，无数飞舞的莹尘羽化成了天边几抹微红的霞光。一声高亢的歌声从远方传来，走近一看，原来是有人在亭下唱戏。我准备要走，奶奶拉住我的手。

"孙女，看一下吧。"

"这是粤剧，您听不懂！"

"没关系，听听嘛，看他唱个啥！"

我只好无奈妥协。这时，表演者用一口熟练的粤语介绍着戏名。"孙女，她说戏名是啥？"奶奶饶有兴趣地问道。"说是《帝女花》。"说罢我便只得无聊地低头拨弄着手机玩。偶然间，我抬头望向奶奶，她全神贯注地看向舞台，时而跟着节奏，与表演者一般摆动双手，时而紧锁眉头，露出悲伤的神情。奶奶虽听不懂，但也跟着节奏，小声地哼着曲。

简陋的舞台上，两位表演者身穿红衣裳，头戴金色装扮，脸画浅粉略带白色的妆，粗眉。曲调忽高忽低，幽咽婉转。声音从亭子向外传播，宛如空谷里传来的鸟鸣声，悠长而清脆，辽远又逼近。当转音时，表演者仍气息平稳，面不改色。表演者将水袖轻轻一挥，转身，歌声中带有一丝悲痛，声音略微颤抖。"寸心盼望能同合葬，鸳鸯侣，相偎傍。"

看向周围，许许多多的老人坐着仔细聆听，一个老人闭着双眼，用手打着节拍，那该是多享受啊！偶尔有几个小孩随着爷爷奶奶前来看戏，闲不住便到旁边的广场上追逐玩耍去了。

听着戏曲，静坐树下，我的心忽然感到一阵悲凉，仿若听懂了长平公主的悲伤。一阵微风吹来,亭子旁的大榕树"沙沙"作响,似乎它也深深地沉浸于戏中,正悲伤地哭呢。再看奶奶,她已经泪眼盈盈了。

第一次明白戏曲,它原来是有灵魂的,即便语言不通。

鲁迅在《社戏》中说:"一直到现在,我实在再没有吃到那夜似的好豆,——也不再看到那夜似的好戏了。"鲁迅觉着戏好是因为童年本身散发出的无忧无虑的馨香。而我觉着戏好是因为第一次发现了曲调的有情。

有一种声音,在记忆深处,渐渐清晰起来。

点评时间:

[我是霸道主题咖]

作者描写了一个痴迷于花鼓戏的奶奶,她沉醉于戏中,自得其乐。后听粤曲,虽语言不通,但依然能感受其美。也描写了一个不懂戏曲的"我",偶然听曲,听懂了,了解到戏曲竟然是有灵魂的。主题新颖深刻。

[我是严谨结构君]

顺叙。

[我是炫酷句子迷]

(1)用比喻手法描写声音,生动形象。

"曲调忽高忽低,幽咽婉转。声音从亭子向外传播,宛如空谷里传来的鸟鸣声,悠长而清脆,辽远又逼近。"运用比喻,写出了声音的清脆、悠远,同时穿透力十足。

(2)侧面描写烘托情景。

作者不仅描写了表演者,还描写了听众的反应,老人的沉醉烘托出粤曲的动人,这是非常好的一种写法。

时光未老,乡音不再
黄靖元（初一）

小时候的我对乡音再熟悉不过了。长期待在家乡的农场,耳濡目染,就学会了方言。阳江方言抑扬顿挫,时而高亢,时而低沉,有种边说话边唱歌的感觉,非常好听。

后来我上小学,回到城里,回乡的时间一点一点被压缩。

又是一年春节到,我和父母回到了离开许久的老家。新年的气息已在空气中弥漫。虽然离开的时间较长,可那幽静的山谷、茂密的竹林、土墙小屋,还是那么的熟悉。门前的那棵榕树又长高了几分,家门前的土墙上又贴出了喜庆的对联。

爷爷应声走出门,露出满是皱纹的笑容。他亲昵地摸摸我的头,亲切地叫着我的小名,以往很入耳的乡音,却在这时变得有些陌生了。我想说出熟悉的那口话,找回以前的熟悉感,但那种感觉、那种亲切,不见了。我只听见爷爷连续不断如连珠炮般的问题,曾经熟悉的词语如同一阵迷雾,飘散了。最后只能想起几个肯定词,我只好应付着回答,还好爷爷没有继续追问,但他脸上隐隐约约露出尴尬的神色。

过年时,曾经的小伙伴们也聚在一起,在树上树底下窜来窜去,放鞭炮,捉迷藏,笑声阵阵。他们笑着邀我参加,但他们那千回百转、忽高忽低的语调和那些生僻的字词,让我不知如何回应。我只好笑着摆手拒绝,拿起手机冲淡我的尴尬和无奈。

晚上,吃团圆饭了,爷爷把乡亲父老都叫来,场面很是热闹。那些老人多是看着爸爸长大的,他们激动地表达着对爸爸的欢迎,可爸爸僵硬地笑着,附和着那些开怀大笑的爷爷,回味着许久以前的故事。爸爸也见到了他的发小。那人递给他一支烟,说一大堆我听不懂的话。他们不在一个磁场,这我分明感受到了。我抬头,看看烟雾缭绕中的爸爸,此刻他真真切切地踩在了故乡的土地上,可故乡却成为他遥不可及的梦。我吃着香气诱人的烤红薯,看着他们,心生感慨。

是啊,乡音是如此与众不同,让熟悉它的人倍感亲切,却让不熟悉它的人感到无所适从。待在故乡的这几天,虽然家里的样子依然熟悉,可生疏的乡音,却让我感觉身处异乡。

心中的故乡离我远去了,我多么希望能够留住熟悉的乡音,让模糊的故乡再次清晰起来啊。

点评时间:

[我是霸道主题咖]

方言仿佛具有神奇的魔力,每一个词语就像一条纽带,连接起一种血脉,让空气弥漫出久远的清香。小作者抓住三个细节讲述了方言的失落,从"我"到"父亲",都面临着失语的现象,让人感慨,引人深思。

[我是严谨结构君]

顺叙。

[我是炫酷句子迷]

(1)结尾议论清晰。

(2)场景描写清晰。

第三讲　地方传统特色文化

1. 写作任务展示

"每个民俗都传承着一个动人的历史故事,每一个民俗都寄托着华夏儿女源自民族本性的希望和祝愿。"在传统民俗活动中,我们既可以感受到民俗活动的丰富多彩,更可见其中包含的精神能量。写一篇关于你熟悉的民俗文化活动的文章。题目自拟,字数600字以上。

2. 真实情境导航

学生利用节假日时间参与一项本地的民俗文化活动,如划龙舟、包粽子、观舞狮等,并通过询问长辈、查询资料等方式,整理出本地民俗活动的历史背景和文化寓意。

3. 名家作品示范

学生自主阅读美文,学习语言表达,拓展写作思维。推荐篇目:王雁《鼓神》、刘成章《安塞腰鼓》《老虎鞋》、霍竹山

《安塞听鼓声》、张亚宁《陕北秧歌》、彭巨彦《歌声飘动的旱船》、袁硕望《乡戏》。

4. 佳作欣赏

佛山醒狮
吴双（初二）

对于佛山人来说，醒狮是儿时那点难忘的记忆，是辟邪的吉祥物，更是人们对美好生活的追求与寄托。锣鼓声一响，便知那狮子要随节奏舞动了。

那是一次偶然的机会，与香港学生一同前往龙狮训练基地观醒狮，内心的激动自是不言而喻。可面对香港学生的疑惑，身在醒狮发祥地的我却感到无比愧怍。

谈笑声渐渐散去，厅堂内寂静无声，我的目光聚焦在铁桩台的一侧，只见师傅手握狮嘴中的一个木柄，捋顺狮身上的毛，准备上场。

突然，站在铁桩台后敲鼓锣的师傅举起手中乐器开始演奏，震耳欢快的锣鼓声响彻厅堂，交织成一片。两个举着狮子的师傅摆正姿势，迈着轻快的步伐，出场时狮子嘴巴上下张合，眼睛炯炯有神，似是要放出光来，踩着令人眼花缭乱的步伐，慢慢走向铁桩。这时狮子纵身一跃，稳稳地停在铁桩台上，旋即一个狮立，傲视全场。我内心对醒狮师傅的敬仰油然而生。狮毛在灯光照耀下更显柔滑，顺着整个狮身倾斜而下，太壮观了！掌声与锣鼓声夹杂在一起，如闻霹雳，又似洪水涌来。望着香港学生眼中的惊叹，我不禁为此感到自豪。

恍神间，狮子已急转回头，继续在铁桩群里灵活地跃上、落下，鼓声忽然停息，我屏住呼吸，狮子猛地向前扑去，四脚悬空，狮身急速往下坠，全场惊呼，这时却见狮子用前脚紧紧夹住铁桩，后脚向上一蹬，落在铁桩台上，没出半点错。我这才松了一口气。

狮子从铁桩上下来，走到观众席前与我们互动，我用指尖抚过柔软的狮毛，心生崇敬。随着"砰、砰、砰"的鼓声，狮子退回表演台前，凝神、甩头、鞠躬，这便是完美的谢幕，潮水般的掌声顿时袭来。

在我拼命拍掌，意犹未尽时，忽听见师傅在一旁大声教导徒弟："现在练习上桩，口号喊大声点。"我转过头去，只见一个个像我这么大甚至可能比我还小的少年举起了狮头，刚开始他们还缩着头，后听师傅一个一个口号地吼着，他们便一个接一个大胆地跃上了桩。场面壮观，拨动着我的心弦，这是醒狮的传承吧，一次次的跳跃与翻转，便是师傅授予徒弟的醒狮最精华的部分，无言，只是震撼。

后来，我明白醒狮带给佛山人的，是表演时的喜悦，是对未来平安的祝福与希望，更是代代宗师的坚守与少年的传承。只愿醒狮精神永流传，如狮眼里迸发出的火光，坚毅纯粹。

点评时间：

[我是霸道主题咖]

作者记叙了与香港学生一同前往龙狮训练基地观醒狮的经历，表现了对醒狮精神的崇敬和身为佛山人的自豪。

[我是严谨结构君]

顺叙。

[我是炫酷句子迷]

（1）动作描写清晰，画面感强。

"踩着令人眼花缭乱的步伐，慢慢走向铁桩。这时狮子纵身一跃，稳稳地停在铁桩台上，旋即一个狮立，傲视全场。我内心对醒狮师傅的敬仰油然而生。狮毛在灯光照耀下更显柔滑，顺着整个狮身倾斜而下，太壮观了！"

（2）记叙过程一波三折。

整个过程有精彩之处，也有惊险之处，穿插作者的内心感受，时而赞叹，时而心惊胆战。一波三折，引人入胜。

土家弄瓦喜

庆儿

老妈好几天前就念叨着去表哥家喝喜酒的事。表哥结婚，我们当然要去凑热闹。老妈念叨着到时一定要全家出席，而我必须穿合适漂亮的衣服，不能丢了她的面子，更让她挂心的是说有洋乐队现场表演，她满心期待，直说要见下世面。

那天一早，全家穿戴整齐，过了老妈的"安检"，便高高兴兴、热热闹闹地出门去。到了表哥家，喝茶寒暄自不必说，握着手，打着哈哈，热气腾腾，每个人脸上都洋溢着喜庆。

酒席准点开始，酒席上的菜式多是以前酒席上没见过的。粉嘟嘟的饺子、红得发亮的虾，大家啧啧称赞。当我正感叹菜式新鲜、赏心悦目时，一个刺耳的尖音响了起来，是洋乐队在试音呢！随即，爵士鼓"咚咚咚"开始敲响，临时搭建的红色小舞台顿时变成了焦点，打鼓的小哥熟练地打着节奏，手脚并用，却从不出错，金色头发也随节奏起起伏伏；弹吉他的小哥轻扫着弦，他弓着腰摇摇晃晃，小小的舞台好似装不下他一样。大家看得不舍得眨眼，纷纷称赞表哥用心，请了这么热闹的洋乐队。精彩还未结束，竟还有化着浓妆的女孩子鱼贯而出，随着强劲的节奏起舞，我妈直说漂亮，简直都一个样儿！而一旁的我却觉得兴味索然。发神经的我突然想念起唢呐来……

酒席过后，我问老妈：现在怎么没有吹唢呐的了？我妈回说："现在各家各户办喜事，只要家里稍稍宽裕一点的，都会请洋乐队，觉得倍有面儿！像表哥家这样既请乐队还请舞蹈表演的，不在少数呢！谁还愿意听唢呐呀！"我说不清是该高兴，还是该悲哀。从前土家人弄瓦之喜、弄璋之喜，或是哭嫁礼，总之婚丧嫁娶，必少不了请"吹鼓手"，也就是请唢呐师傅来热闹一场。临到办事这一天，唢呐师傅便齐齐整整地坐在正门口，有时是两人，有时四人，大多是村里上了年纪的老人。我是外行人，只晓得唢呐有长有短，喜事吹喜庆高昂的调子，短唢呐用得多；丧事就吹低沉的调子，长唢呐用得多。

让我印象最深刻的是土家弄瓦之喜，其实我不懂曲调，只是因为多了新生命，所以酒席总是喜庆些。开席前必定有唢呐声起势，通常是一人起头。长长的低音沉稳有力，一听到这低沉的长音，我必捂着耳朵躲得远远的，低音一结束便是礼炮，礼炮名"三眼铳"或者"九眼铳"，一般把火药和泥土灌在孔眼里，放上细细的导火线，点上火就发出震耳欲聋的一声巨响，吓得人们心肝儿都颤。

接着便是一阵高昂明亮的小唢呐声，应着新生命的诞生，乐声便如山雀子齐飞那种欢欣、那种跳跃，和着鞭炮声，噼里啪啦好一阵热闹。踏着红色的鞭炮碎屑，大家入席坐定。菜慢慢上席，玉一般的土豆丝、绿莹莹的大白菜、醇香的腊猪蹄、厚实的粉蒸肉，人们交口称赞，年长的人提筷开席。唢呐师傅见人们吃得起劲，吹得也更卖力，两腮鼓鼓，摇头晃脑，好不享受！只看额头一阵细细的汗珠就知师傅吹得多卖力。主人家也不时送上好茶好烟以示感谢！而那时在唢呐声中吃着家常菜，在唢呐声中听着大人聊家常，仿佛都格外有味，格外热闹。好久没有听过唢呐了呢！我跑去问曾是"吹鼓手"的爷爷，爷爷无奈地笑笑说："那班子都老了，年轻人哪有工夫学那个！"其中的苍凉让我不禁想起前不久看过的电影《百鸟朝凤》，其中的变迁正是我们村的写照，而最后的安慰是唢呐作为"非物质文化遗产"被政府保护起来。而我却觉得这最后的安慰其实是无路可走罢了。

一样东西，若是被冠上"文化"的名头、"遗产"的名头，那也就意味着这样东西在生活里走到尽头了。写毛笔字已经成了一种古典行为，不久，读纸质书也将成为一种古典行为，那唢呐呢？离开了生活的土壤，离开了弄瓦喜的欢欣，离开了哭嫁礼的悲壮，离开了丧礼的悲哀，唢呐不过就是废铜烂铁罢了！

表哥婚礼一结束，便将酒席没有吃完的好酒好菜送过来，奶奶打开来，是鲜红的虾，是粉嘟嘟的小饺子和亮晶晶的珍珠圆子，鲜亮好看，一看就不是村里人自己的手艺，而是酒席专业承包户的手艺。奶奶只炖了一顿，说不是那个味儿！饺子不是饺子味儿，圆子不是肉味儿。

洋乐队也不是山里的味儿！清凉的小溪经不起架子鼓的捶打，葱绿的小山经不起吉他的扫弦。而唢呐声声，低沉如大山大河，欢快如山雀子齐鸣，本就是大山的回声啊。如今，唢呐声音再嘹亮、再欢快，也只能留在我心中，变成一种可贵而心痛的回忆罢了。

点评时间：

[我是霸道主题咖]

作者记叙了回老家喝喜酒的经历，表达了对唢呐式微的痛心。

[我是严谨结构君]

顺叙。

[我是炫酷句子迷]

（1）运用比喻句描写声音，形象生动。

"乐声便如山雀子齐飞那种欢欣、那种跳跃。"

（2）对比手法运用精妙。

以往唢呐队的热闹，如今洋乐队的兴盛；以往传统土家菜的有味，如今酒席专业承包户的鲜亮无味。两处对比，表现了农家生活的变化，也暗示传统的丢失。对比手法，清晰明了，让人深思。

佛山功夫

余睿鹏（初二）

"嘿！哈！嘿！"一个接一个的动作——起式稳健，出招迅猛有力，快则疾如猛虎，缓则行云流水，收招利落有致。

顺德均安的李小龙，南海西樵的黄飞鸿，禅城叶问……佛山，这片岭南大地上，走出了多少武学泰斗、一代宗师。若有人问我：佛山的符号是什么？我一定说是武术。

百花齐放，万家争鸣

容纳百川的，方能称为"海"。佛山武术文化的博大精深，便得益于其博大的胸怀。

千百年来，佛山的民间洪拳、咏春拳、蔡李佛拳等门派层出不穷，竞相争鸣。师傅在授予我这些南派拳法时总是一一演示，让我品其要领精华。在为师傅阵阵叫好之余，我也懂得了洪拳的"马大桥长"，大开大合，刚劲勇猛；而咏春拳取其拳法之刚劲，又舍其宽大正直却稳健不足的回平马，改之为二字钳羊马；蔡李佛拳又集蔡家拳和李家拳于一派，交互贯通。

吸收各家之精华，又舍弃糟粕，这是佛山武学博大之法，也是佛山人兼容并蓄、有容乃大的进取之道。

必先耐其苦，方能精其学

"习武，是个不易的过程，但也是个自我修炼的过程。"师傅在我们刚起步时便这样强调。越到后来，我越发感同身受。

佛山的南派拳法，在基本功上，是要下重功夫的。否则，后面的一切变换都是空有架子而没有实力的。正如"千锤万凿出深山"，而其中最为辛苦的当属扎步了，弓步、马步、虚步。每天总得先压上几十次，随之而来的便是双腿如灌铅般沉重，每走一步，似乎都要受到一个大力的回拉。

日复一日、年复一年的磨炼，直至最后，方能发现拳法的精妙，每一个下发力都能如安了泵似的，力自下而上涌遍全身，轻松自如又不失稳健，而腾空的动作也自然能够身轻如燕，张弛有致。

这经受磨砺后嗅得的芬芳是那样浓烈，沁人心脾。武学之精妙来自苦练，而佛山人将吃苦耐劳的精神发挥到极致，才创造出一个又一个的辉煌。

刚劲正直，树松柏之气魄

不似北方拳法的复杂多变，佛山一带的南派拳法则多了一份质朴和爽直。

在习武之时，师傅曾多次斥责我的桥手与马步总是弯得不像话或歪歪扭扭。师傅在斥责过后亲自示范，只见师傅的每一个动作都打到实处，没有一个动作偷工减料、扭曲歪斜。她说："习武如同做人，须实干务实，正直守道，切不能走歪门邪道，贪图小利。"

那最为基本的拳法——五步拳，师傅叫我打了十遍。每一拳须刚劲到位，每一步须正直挺立。这是佛山武学的正直刚劲，也是佛山人正直质朴的品质。

"武"，不仅是几个简单的动作和套路，它更代表了佛山人的包容与坚韧、正直和质朴。它是佛山一个永恒的闪耀符号，是佛山人骨子里的传奇气魄。

点评时间：

[我是霸道主题咖]

作者对武术娓娓道来，在于他学武出身，有一身好功夫，有生活经历做支撑，文章便免去空洞。可贵在他不仅介绍武术，还从中提炼出佛山人的精神，语言高度凝练，读来铿锵有力。主题清晰独特。

［我是严谨结构君］

作者采用小标题形式，贯穿全文。三个小标题下的文段，分别诠释了三种不同的佛山精神，且层层递进，逻辑清晰又巧妙。

［我是炫酷句子迷］

名词精准。作者从小习武，对拳法门派有很清晰的了解，"马大桥长""回平马""二字钳羊马"等精准的名词，使文章免于虚假空洞，让人信服。

第四讲 传统节日文化

1. 写作任务展示

传统节日总在不经意间勾起我们对往昔岁月的回想,对故乡的思念。绚烂的烟火、五颜六色的花灯增添了元宵节的热闹气氛;赛龙舟、包粽子点燃了端午节的激动心情。写一篇关于你熟悉的传统节日文化的文章,字数600字以上。

2. 真实情境导航

亲自参与本地的一个传统节日活动,并通过询问长辈、查询资料等方式,整理出本地现存节日的历史背景和文化寓意,以及以前有现在正在消失的节日,并追踪其缘由。挑选出让你印象最深刻的一个活动作为写作素材。

3. 名家作品示范

学生通过阅读名家作品,学习语言表达,拓展写作思路。推荐篇目:冯骥才《除夕情怀》《年意》、莫言《过去的年》、石欲三《龙灯》、琦君《春酒》、汪曾祺《端午的鸭蛋》。

4. 佳作欣赏

芒种小记

吴泽霖（初二）

雨又下起来了。窗外，灰蒙蒙的一片，带着城里柏油马路潮湿却并不清新的气息。没有鸡鸣，没有犬吠，没有那田垄上蜿蜒前行的一溜红马灯。只有这雨，裹挟着天地。眼光掠过日历，哦，今天是芒种？可是在城里，哪有芒种的一丝况味？雨丝绵长，思绪飘忽，家乡的芒种可不是这样。

大清早，奶奶就提着一盏马灯出门去，追赶着前头人的步子，走向自家的田地。我提着两把大水壶跟着，灰蒙蒙的五更天，远处模糊的庄稼如墨绿的墙。一连串的红马灯迤逦在田垄上。芒种"忙种"，人们都指望着早点开工。

田垄两侧泾渭分明，左边玉米田里的玉米又高又密，进去了不辨东西南北，只得挥着镰刀在沟壑间一步步前进，身后撒满了新熟的玉米。右边的稻田就显得冷清多了，奶奶和几个大婶在其中放水、插秧。虽冷清，却是要紧的活儿。尽管有插秧机相帮，仍累得直喘气。我递过水去，奶奶和大婶们接了，笑着夸两句。

远远地，一切明晰起来。鸡鸣了，这是芒种的清晨。

正午，轻雨飘飘，滋润着闷热的空气。爷爷带张大红纸进我房来。我自知又要苦了，立刻拦住他，皱眉央告："爷爷，我今年就不贴那纸了，怪吓人的！"爷爷手一抖，却仍笑道："那可不行,不贴?飞龙会来吞你的!像这样——"那时我还小,吓得立刻哭起来。爷爷笑着转到床头,将五毒图居中贴了,猩红纸上画着的张牙舞爪的蜈蚣、蝎子,又要让我夜不能寐了。爷爷却抚慰我:"不怕,它会保佑你的。"

现在的人还延续着这个习俗吗?雨下着,这是芒种的晌午。

爷爷打开一个瓦瓮,酸甜的酒香溢出。他招手:"来,和我送酒去!"打麦场上,终于清干净了。已是黄昏,人们一边说着一天的劳累,一边打探着别人家的收成。有人端了碗准备吃饭,见爷爷捧着酒坛来了,都一边欢快地叫一声"中呀!"一边笑着。爷爷把坛子往石磨上一放,取出几个瓜瓢。大家也不拘束,边喝边连声夸"好酒"。爷爷取了一瓢,嘿嘿地笑,对我说:"知道青梅煮酒论英雄吧?这就是青梅酒。"

他近乎吝啬地用筷子沾了一滴,让我尝。我不懂品酒,以前每次闻到酒味,都会皱着眉避开。但这次,我却眼前一亮,含住筷子。爷爷见我喜欢喝,忙取走。"小孩不能喝多了,意思一下就好了。"又得意道:"难怪,我酿制了六十四天的酒,谁不觉得好喝!"当然了,爷爷爬了半日从后山采回的半篓青梅,又跑了半个镇子买的好材料,计算着时间到芒种时节酿出满屋酒香,又怎能不好?

夜幕降临,打麦场上仍笑语欢声不绝于耳。灯亮了,这是芒种的夜。

家乡,与时令节气挨得很近,农民的耕作和日常,从未离开它们。而城市,却再也嗅不到节气的气息,不由一声叹息。然而,爷爷却笑吟吟地从门卫室抱回一坛青梅酒来:"老乡还是没忘了我们，酒都送到城里来了！"

傍晚，我走到阳台，雨已停歇，空气不再闷热。遥望家乡，似乎又见五更天里，田垄上那一溜迤逦的红马灯，照亮了初晨的田野。

春争日，夏争时，芒种就是"忙种"。于是，我走回屋里，又拿起了课本。

点评时间：

[我是霸道主题咖]

节气这个话题好像只属于农业社会，但实际上它代表了人们对时光的珍惜、对土地的尊崇、对生活的热情。作者通过三个画面——"忙种""贴五毒""酿青梅酒"，再现了芒种这一节气里的活动，既有描写，又有思考。主题新颖独特，是一篇文质兼美的好文。

[我是严谨结构君]

记叙顺序为倒叙。在记叙过程中采用回忆与现实穿插的结构形式，巧妙又清晰。

[我是炫酷句子迷]

（1）环境描写入题法，代入感强。

同为芒种日，城市却无一丝芒种气氛，作者由眼前的雨景引发回忆，直接带读者进入情境，既点明记叙内容，又点明作者情感。妙！

（2）描写时多用颜色词，使画面色彩鲜明。

"灰蒙蒙的五更天，远处模糊的庄稼如墨绿的墙。一连串的红马灯迤逦在田垄上。"

（3）人物形象鲜明。

寥寥几笔，刻画出一个遵循传统、疼爱孙儿的爷爷形象，一个可爱又懂事的男孩形象。景因人而有情。

梅州过立秋
王子睿（初一）

在老家梅州，过立秋称之为"翾秋"，又称作"歇秋"。清乾隆《嘉应州志》载曰："立秋日，不操作，妇女不采园蔬，谓之歇秋。秋收也，不歇，忌触秋则无收云。"意思是说，大伙儿在立秋这天都要停止劳作，休息一天，否则要是惊犯了秋神，那可是会歉收甚至颗粒无收的啊！这就是过立秋的由来。

过立秋的前一天，我们一家人回到老家梅州松源镇。

"沙沙沙"，第二天一大早我就被这洗米声唤醒。走出房门，便看到围屋里的每家每户都开始洗糯米，蒸糯米，忙碌开了。糯米蒸好了，便开始打糍粑。一座围屋里只有两个大饭甑桶可以用于打糍粑。因此，邻里们都要互相帮忙，你累了，我顶上，我累了，你顶上，轮流飞舞着木棒，剩下的人便在旁边吆喝鼓劲，木棒声与吆喝声交融在了一起。

我也撸起袖子，抡起槌子，应着"嘿呼嘿呼"的口号声一下一下地打着。那一声声"咚咚"的响声，像是在为喜庆的节日祝贺，也是为美好的生活祈祷。

就在忙得不可开交的时候，外面一阵锣鼓喧天，由远而近。走出门一看，原来是"扛公王"的队伍来了。"扛公王"是松源镇王氏历年的一种民俗活动，是在八月半时把"龙源宫"中的

"龙源公王"扛到村里来供村民膜拜,祈求财丁两旺,五谷丰登。

扛公王仪仗队有如古代大官出巡,三声炮响震天动地,前面一对金鼓手,敲大铜锣十二连三响,接着由壮年男子扮的四个武士迈着方步,各人手执着绣龙虎图案的大帅旗,帅旗迎风飘扬,很多青年擎着方形或竖长方形的彩旗跟在后面,再往后就能看见头戴金冠、身披金甲、胸飘长须、手执利剑、威风凛凛的木雕公王,稳坐在四个武士抬着的轿中。队伍的最后,是欢天喜地的小孩,看热闹的村民紧跟着,当然我也不例外。一路上,各屋接连不断地燃放着鞭炮迎送公王,真是热闹非凡。

当公王放在香案前的方桌时,亲友们纷纷上前烧香、点烛、祈祷。此时锣鼓喧天,鞭炮声接连不断。大锣鼓由慢到急,有节奏地敲击着,忽然,震耳的大锣鼓戛然停止,只剩鼓声咚咚。随后唢呐带头奏起古典曲,其余乐器齐奏,声音悠扬悦耳,亲友们都聚精会神地倾听着,面带笑容,一处行礼完毕。接着锣鼓鞭炮声再起,鼓乐喧天,扛公王的队伍用相同的方式到下一处设有香案的地方去了。

到了中午,亲朋好友便欢聚一堂吃午饭。有地道的味酵粄,有令人垂涎欲滴的烤鸡,还有甜甜的糍粑……大家像串门似的吃完这家去那家,我们小孩子更是这家选个糍粑,那家来个鸡腿!

天慢慢地暗了,心却依然亮着。爸爸坐着,讲述往事:"客家人之所以打糍粑,扛公王,曾经是为了祝愿生活丰足,现在成为大家相聚一堂的珍贵理由了。"

原来,生活无须红红火火,能享受"春种一粒粟,秋收万颗子"之丰年，得"黄发垂髫，并怡然自乐"之美好，便足矣。

点评时间：

［我是霸道主题咖］

　　作者记叙了梅州老家过立秋的经历——打糍粑，送迎公王，并从中感受到了过立秋的意义，是庆丰收，也是庆团圆美满。

［我是严谨结构君］

　　顺叙。

［我是炫酷句子迷］

　　（1）五感写作法运用得当。

　　作者在描写打糍粑和迎公王时，既注重视觉上的描写，也注重听觉上的描写，使读者有身临其境之感。

　　（2）引用古诗，感悟细腻。

　　在详细的场面描写之后，由爸爸的一句感慨引入过立秋的现实意义。作者结尾引用两句古文，一句点明丰收之意，一句点明团圆之好，精准而有文采。

记阳江开渔节

黄靖元（初一）

　　夏日炎炎的八月，我和父母一起回到了自己的家乡——广东阳江。在骄阳的逼迫下，我们不得不驱车前往海陵岛避暑。这不，在我们到达时，我们竟然有幸碰上了一年一度的开渔节！

　　待我们到现场时，开渔节已经拉开了序幕。只见几十个红彤彤的气球在鼓风机的支持下腾空而起，扭动着它们笔筒般的身体，热烈地欢迎着我们。一阵清爽而又强劲的海风扑面而来。炎炎暑气已不知何时被我们抛之脑后。

只见当地的渔民们戴着大大的斗笠，穿着洁白的衣裳，绑着鲜红的腰带，拿着斑驳的螺号。他们整齐地排成一列，朝着天空吹出悠扬绵延的螺号声。螺号声在风中回荡着，谁也不知道究竟是螺号声追着风跑，还是风撑着螺号声走。在渔民们的旁边，又是几个大而圆的灯笼，上面写着祝福的话语：幸福、平安、一帆风顺……好一番活跃、吉利的景象！

观众蜂拥而至，我们的位置也越来越挤了，舞台前人山人海。"我们全体渔民出海生产，一定鱼虾大汛，满载而归！"只听得主祭人一声高呼，渔民们积极响应，我也像渔民一样激动万分。

祭海仪式正式开始，我好奇地看着渔民代表们一字列队走向祭台，进贡金猪、糕点、水果。台上青烟缭绕，忽然一阵海风吹过，香火特有的味道直冲鼻腔，让我顿时神清气爽。渔民们双手捧起酒碗，高声朗诵"十敬词"，每诵一句，我都能感受到话语里庄重而又略显兴奋的气息。念诵完后，他们便一齐将祭酒泼向大海。顿时，鼓声咚咚响起，震耳欲聋，直冲云霄。

祭祀完毕，渔民们便准备出海了。渔船上彩旗飞扬，五星红旗在渔船中央随风飘扬。渔民们陆续踏上甲板，进入斗篷。忽然，传来一阵响亮的鞭炮声，"啪啪啪啪……"，接着是缆绳掉在地上的声音，渔民们启航啦！岸边的人们全部冲了过来，我朝他们挥手示意，他们黝黑的脸上露出了满怀期待的笑容。

望着一艘艘渔船渐行渐远，最终与大海融为一体，我不禁感慨万千。这浩瀚深沉的海啊！你寄托了多少人的情感、多少人的希望啊!

点评时间:

[我是霸道主题咖]

作者记叙了回老家阳江观开渔节的经历,从中懂得了渔民的美好愿景。

[我是严谨结构君]

顺叙。

[我是炫酷句子迷]

(1)用词精妙。

"螺号声在风中回荡着,谁也不知道究竟是螺号声追着风跑,还是风撵着螺号声走。"一个"追",一个"撵",既写出了海边风势之大,又写出了螺号声的悠扬。

(2)五感写作法运用得当。

作者在描绘祭海仪式时,综合运用嗅觉、视觉、听觉,使读者能够清晰地感受到开渔节的热闹。

第五讲 建筑文化

1. 写作任务展示

中国建筑是一首无言的诗、一幅立体的画,不仅实用,更兼具艺术性。岭南建筑便是如此。它有着江南园艺的风格,却又不同于江南园林水榭亭台的精致;有着西方欧式风格的影子,却又不同于教堂的典雅端庄。本次专题作文的话题是"走近身边的建筑"。写一篇关于你熟悉的家乡建筑的文章,作文标题为"让我轻轻地靠近你——＿＿＿＿",把题目补充完整,字数600字以上。

2. 真实情境导航

利用业余时间考察你感兴趣的本地建筑,观其外表,同时认真聆听导游的介绍,做好笔记。对于自己不了解的地方,借助网络进行查询。

3. 名家作品示范

要从宏观上了解建筑,可观看《消失的建筑》《中国古建筑》《筑梦天下》等纪录片；要细致了解本地建筑，可上网搜索关键词。也可阅读建筑类经典文章，如叶圣陶《苏州园林》、宗白华《中国园林建筑之美》。

4. 描写策略指导

（1）描写顺序要清晰，采用移步换景或定点观察均可。

从天安门往里走，沿着一条笔直的大道穿过端门，就到午门的前面。（黄传惕《故宫博物院》）

交代清楚路线，能够让读者更清晰地了解所写景物。

（2）对比出特色。

高树与低树俯仰生姿。落叶树与常绿树相间，花时不同的多种花树相间，这就一年四季不感到寂寞。没有修剪得像宝塔那样的松柏，没有阅兵式似的道旁树：因为依据中国画的审美观点看，这是不足取的。（叶圣陶《苏州园林》）

叶圣陶在苏州园林看到了中国式审美。

（3）描写+观感，逻辑清晰。

园中的许多小品，也极具匠心。比如有一座假山，山上一挂细泉垂下，就在下面立着一个汉白玉的石雕小和尚，光光的脑门，笑眯眯的眼神，双手齐肩，托着一个石碗接水。那水注在碗中，又溅到脚下的潭里，总不能盛满碗。再如清清的小溪旁，有一只石雕大虎，两只前爪抓着水边的石块，引颈探腰，嘴唇刚好没入水面，那气势好像要吸尽百川似的。历代文人墨客都喜爱晋祠这个好地方，山径旁的石壁和殿廊的石碑上，留着不少名人的

题咏，词工句丽，书法清湛，为湖光山色平添了许多风韵。（梁衡《晋祠》）

前半段描写，最后一句用评说式的语言进行评赞，点出事物的意义，以凸显事物的特征。

5. 佳作欣赏

让我轻轻地靠近你——客家围龙屋

刘炜杰（初二）

我是客家人，围龙屋是家乡的一大特色。可我每次回乡经过，只不过远远望见它模糊的轮廓，没什么概念。

暑假同爷爷回乡，爷爷提议带我去看看围龙屋，我们便下了高速，驱车奔向翠绿的田野。看着围龙屋模糊的轮廓一点点清晰起来，我心里不由得激动起来。

停了车，我们走近围龙屋，抬头看弧形的青瓦屋顶。上盖以原木为梁，木片为桷，建成两面倾斜的屋顶，以小青瓦互扣，不用瓦筒，也不用灰浆固定。白墙与青瓦屋顶，形成强烈对比，甚是美观。

"吱呀"一声推开沉重的红木门，走进前厅。屋内的地面，厅堂多是三合土磨光地面，房间多是泥地面。天井地面以石板或鹅卵石铺砌。大门框、天井沿、走廊沿口及屋内台阶，一般用石板铺砌，房间的门框有以石板为之，也有用木镶嵌的。天井后是正厅，石板地面上摆一方形红木茶几，四角蹲坐拳头大小的醒狮，中心镂空，可放茶具。茶几四周摆两张条凳、两张摇椅，可容四五人一同品茶。墙上挂一卷书画,上用行书题"厚德载物"四个大字。漫漫夏夜,约两三知己,坐在茶几旁,品客家绿茶,嗅着沁人芳香,看看园中盘根虬枝的古榕,望着月色谈天说地,倒也逍遥自在。

爷爷说,客家人是东晋时期为避战祸迁来此地的。当年,他们扶老携幼从遥远的中原徒步跋涉,到南方寻找理想的栖居所,最后抵达粤东山区的一片荒郊野岭,便族居下来,自称"客家"。我听了不禁感慨,客家人自古就有如此艰辛的奋斗史!

那时的荒山虎狼出没,土地贫瘠,客家先祖披荆斩棘,顽强生存。为防野兽和匪人侵扰,也为了延续生命,他们盖起一种特殊的房子——以南北为轴,东西对称分布,状如太极或马蹄。几个朝代过去了,不断繁衍的子孙一圈圈地往外加盖房屋,便形成一个屋群,宛如宫殿,又如堡垒。因房屋首尾相连如御敌的团龙,故取名"围龙屋"。

如今围龙屋已少有人住。古老的灰墙上爬满灰绿的青苔。正厅的地板上、茶几上也积了厚厚一层灰。今日的客家人都盖起洋房,搬离了老宅。但客家的风俗不许拆祖屋,毕竟祖宗的规矩还在,客家人如以往一般敬畏祖上,感恩祖上。每年清明,客家人即便再辛苦,也总要到祖宗牌位前上两炷香,扫扫祖祠,同仍坚守在围龙屋的亲人们吃顿团圆饭,叨叨家常。"祖上传的龙脉可不能断!"爷爷动情地说。

这真是一个奇迹!生命在这里顽强地延续,放射出隐忍的坚强。我惊觉,原来我的勇敢不屈和顽强个性,竟是传承自这里,传承于血液里流淌的客家基因。

点评时间：

[我是霸道主题咖]

　　作者记叙了返乡了解客家祖屋围龙屋的经历，从围龙屋的外观内里，再到围龙屋所体现的客家人坚强勇敢、不忘初心的精神，层层递进，主题清晰明白，表现了对围龙屋的自豪之情、对身为客家人的自豪之情。

[我是严谨结构君]

　　顺叙。

[我是炫酷句子迷]

　　（1）描写顺序清晰。

　　作者采用移步换景的手法，先远观，整体勾勒，然后"走进前厅"，细致描写围龙屋里面的情形，顺序清晰，读者不会迷路。

　　（2）善用短句，节奏感强。

　　"四角蹲坐拳头大小的醒狮，中心镂空，可放茶具。茶几四周摆两张条凳、两张摇椅，可容四五人一同品茶。墙上挂一卷书画，上用行书题'厚德载物'四个大字。漫漫夏夜，约两三知己，坐在茶几旁，品客家绿茶。"短句相接，画面感极强。与长句相比，短句更加精练，读来朗朗上口。

让我轻轻地靠近你——开平碉楼

李元浩（初一）

　　汽车行驶在开平乡郊的路上，我焦急地在车窗边等待，忽然，远处一座座碉楼显现，它们错落有致地屹立在稻田中，庄严肃穆。

用作军事防御的碉楼,不像其他岭南派建筑那样,用大面积的鲜艳色彩装饰。它的外面仅仅只是抹了墙灰,灰扑扑的,随着时光的流逝,已经斑驳泛黄。高不可攀的墙体十分光滑,上面没有任何可着手的东西。一扇扇小窗户整齐地镶嵌在墙体中,铁铸的,甚至钉有铆钉,坚不可摧。有的碉楼,楼的四角分别有四个圆形的露台,像一个个燕子窝,上面开着孔,可以居高临下地射击敌人。

父亲告诉我,在20世纪二三十年代,大批的人从这里走出国门,到海外经商,他们发家致富后,回到故乡购地置业。由于这一带洪灾、匪灾多发,便筑起一座座坚固的碉楼。

碉楼碉楼,真是一座固若金汤的碉堡,将"防御"二字发挥到了极致。

父亲说,其实碉楼的好,还不止这些呢!

踏着一溜青石砖,跨入一家带有园林的别墅式碉楼。青翠的竹子,叶子薄而透明,被灿烂的阳光穿透,清风微拂,活泼灵动。一方不大的池塘,池水碧绿。有池必有鱼,几尾锦鲤在碧水中嬉戏,鱼鳞闪闪发光。

走进碉楼,是宽阔的厅堂,与外表的"素面朝天"不同,这里铺有红红绿绿的马赛克地砖,一个个几何图形,组成一朵朵盛放的花,华丽高雅。天花板上,是一盏华丽的吊灯,花型的底座,朝着不同方向舒展着花瓣,垂下的几盏灯,散发着绚丽的光芒。墙角摆着一架老式留声机,抛光的木质底座闪亮,铜质的主体部分散发着优雅的光泽。留声机的对面,靠着墙摆着几张古色古香的红木太师椅,坐在上面,听着悦耳的音乐,着实享受。

天台上的一座小凉亭最让人惊喜:六根白色的罗马柱上顶着一层层绿色的陶瓦,底座上有着由叶子组成的希腊纹样。两种不同的文化风格竟和谐地交融在一起,罗马式、希腊式和中式的园林、红木相互融合,竟如此相得益彰,令人赞叹!

站在天台上,望着锦鲤嬉戏的鱼池、翠绿的竹子、远处的山光景色,又看看无处不在的西式装饰,我不禁有一种空间错乱的感觉。

碉楼碉楼,真是一座中西合璧的典范,将"包容"二字发挥到了极致。

走出碉楼群,回望那一座座气势非凡、宏伟壮观的碉楼,不由得心生敬佩。中西文化之间本没有冲突,甚至可以相互融合、取长补短,像碉楼一样,兼容并包,合作共赢!

点评时间:

[我是霸道主题咖]

作者记叙了参观开平碉楼的经历,见识到了防御功能极强的碉楼,也见识到了中西结合的碉楼,生动地再现了不同历史时期建筑的不同现实意义。主题清晰独特。

[我是严谨结构君]

顺叙。全文结构为夹叙夹议。在记叙完之后,作者通过两个议论性的句子串联上文,使结构清晰明白:

"碉楼碉楼,真是一座固若金汤的碉堡,将'防御'二字发挥到了极致。"

"碉楼碉楼,真是一座中西合璧的典范,将'包容'二字发挥到了极致。"

［我是炫酷句子迷］

（1）描写生动，善用比喻句。

作者在描绘碉楼的形状时，写到"楼的四角分别有四个圆形的露台，像一个个燕子窝，上面开着孔，可以居高临下地射击敌人"。比喻句使原本复杂抽象的画面变得具体形象。

（2）先描写后议论，清晰有力。

"六根白色的罗马柱上顶着一层层绿色的陶瓦，底座上有着由叶子组成的希腊纹样。两种不同的文化风格竟和谐地交融在一起，罗马式、希腊式和中式的园林、红木相互融合，竟如此相得益彰，令人赞叹！"

作者擅长在描写后，适时加入自己的内心感受，表达非常清晰！

让我轻轻地靠近你——古祠
梁博涛（初二）

小时候，我对故乡的古祠是没有什么概念的。每天，我往返于集市和奶奶家，翘首望见古祠，静谧肃穆，香火缭绕，见多了也就司空见惯。

长大之后，我才知道，故乡松岗石碣村是珠三角地区最大的孔子后裔聚居村。起初讶然，随后是来自泥土的召唤，让我迫切返乡。

顺着儿时模糊的记忆，我找到了那座古祠，匾额上是"怀庄孔公祠"五个墨黑大字。古祠负责人知晓我的来意后，便向我介绍："怀庄孔公祠是岭南锅耳楼建筑，屋两边山墙形状似'几'字形的锅耳……"外墙青灰，屋檐飞动，经岁月漂洗过的青砖略显粗糙。两边的"锅耳"黑白线条优美、匀称，如封建时代的黑白官帽，文绉绉的。壁画精美，花青、藏蓝、淡黄等几种淡色交织。一袭布衣的游子，孤魂不定，满目烟尘，携着幼儿回乡供奉先祖，拜见父母。这给了我莫大的感慨：窥前世悟今生，我亦不过如此？千山万水，只为寻觅温情融融的归宿。

推开两面厚重的大门，历史长河悠悠的回音在我脑海中回响。七百年前，孔子后裔来此教书，落户，开村，繁衍生息。他们大概不会知道，暂时的躲避战乱，是与山东故土的诀别。从此，在岭南大地上哺育出几条村这般大规模的族人，过着与世无争的自然生活。

高大的石柱投下微凉，杏荫堂前香火依旧。孔子书院铺陈简单，神台、书画，不过如此。烫金楹联夺人眼球："慎展鸿图呈彩欢，德堂宏发乐业长。"匾额题字："至圣先师。"按照惯例，村里每家学龄前的小孩都要在这里叩头参拜，以祈愿小孩聪明伶俐，学有所长。"应该是自从建造这座祠堂开始，就有了这个传统，一直到现在。"负责人介绍。是纪念先人，还是为了考取功名？我一时间思绪万千。只闻远处一声坚定："鸿鹄之志，舍我其谁？"

百年青砖覆满青苔，脚步声嗒嗒，这便是古祠，我的归宿。

走吧，让我轻轻地靠近你，流芳古祠。秉持祖训"诗礼传家"，不忘昔日光辉、前人记忆，更不忘来时之路。台湾作家琦君说："像花草树木一样，谁能没有一个根呢？"

世代不变,一脉相承。何去何归,这里,终是归宿。

点评时间:

[我是霸道主题咖]

作者记叙了返乡了解故乡古祠的经历,由古祠的外观到古祠的历史渊源,再到现代意义,作者懂得了古祠的文化意义。主题独特深刻,让人赞叹。

[我是严谨结构君]

记叙顺序为顺叙,全文先描写记叙,后抒情。

[我是炫酷句子迷]

(1)描写顺序清晰,有主有次。

作者在描写古祠外观时,先总写。"外墙青灰,屋檐飞动,经岁月漂洗过的青砖略显粗糙。"整体勾勒。接着点出最有特色的"锅耳"及"壁画",描绘其颜色及形状。清晰明了的描写!

(2)结尾升华主题。

作者引用台湾作家琦君的话,更加清晰地展现了古祠的意义,让人"不忘昔日光辉、前人记忆,更不忘来时之路"。

后　记

从写一个让自己开心的句子开始
——给正为写作文而抓狂的你

你并不反感写作,你可能只是对写考场作文有点儿发怵。规定的题目,规定的时间,你将自己乏善可陈的那点儿语言和思想堆上去,并未期待拿高分。果然,分数从来没有出乎你的意料。过后你将作文纸往抽屉里一塞,看似云淡风轻,可内心还是有那么一点不甘心。

写作文到底是怎么一回事呢?

首先,我要告诉你:作文无所谓天赋灵感,只有不断地练习和修改。

我不懂什么叫天赋,也不认识灵感,但常常听学生提起这两个词。作文不被认可,他会说:"看来我没有天赋啊。"写不出作文,他会说:"我还在等灵感。"被上帝亲吻过、天赋异禀的天才作家或许有,但更多的是每天枯坐桌前几个小时寂寞地练习的人吧。

不要埋怨没有天赋,也不要借灵感之名抗拒拖延,真正的武器在你手中,拿起笔,行动起来!从每一次的刻意练习开始,像一个真正的职业作家一样,练习最简单的描写,练习五种感官的开发,练习观察每一片熟悉的风景,试着让自己的句子有画面感、有灵魂。写完之后,自己读出来,真的读出声来,感受你的语句在唇齿间的跳跃,想象你的语句展现的画面。若是读起来冗长不顺、画面模糊,请再次修改它,直到你满意为止。

当然,这一切需要你耐得住寂寞。新的微信信息"叮咚",朋友圈时刻更新着朋友的动态,微博热搜今天又被谁占领,无穷无尽的新消息占据着你的视线。你必须有关闭朋友圈、屏蔽消息的决心,这样才能真正沉浸到一件事中去。孤独的人才能思考,就像铁冷却以后才会变硬,人冷静下来才会清醒。在出山之前,请像一个真正的武林高手一样,在寂寞中闭关修炼自己的写作技艺吧。

其次,我要告诉你:最好的老师永远是书和生活。

高中时期,苦恼写不出一篇像样的议论文,因我不会思考,也苦恼自己竟连最擅长的散文也不会了,那时我总期待着有一个人能敲敲我的脑袋,让我立即开窍,写出一篇神作来,可是这个人并没有出现。直到我偶然在图书馆里看到一本书,名字叫《长恨歌》,开场我就被描写上海弄堂的文字惊艳,猛然发现简单的文字还可以变幻出丰富到极致的画面,那种画面感,以及画面里包含的意蕴,让我惊叹不已,后来我才知道这本书的作者叫王安忆。

这里我想说的是,若你能碰到一个很棒的语文老师,他能教给你写作入门的技法,那你一定要好好珍惜。大多数时候,不要太期待老师点石成金。真正能够教你写作的只有书和生活。

当你思想枯竭的时候，看书吧。

当你语言贫乏的时候，看书吧。

在阅读中寻找自己喜欢的风格，并学着像作家一样思考：他是怎么写的，他为什么这样写。琢磨文字，乐趣无穷，但前提依旧是耐得住寂寞，沉得下心。

另一位老师是生活。

有时看年轻演员演戏，他每做一个动作，你就会想他演得怎么样，有时不免感叹太假了。那是因为他缺少生活的滋养，只是照着脑海中的理解生硬地表演。写作也是一样，有生活和无生活的差别太大了。你可能会说，我们都在生活呀！不是这样的，有的人生活了，但没投入，写出来的东西飘着，没有细节；而有的人非常细心地感受着原本或许平凡的一切，经其慧心妙笔，所写的东西立马活色生香起来。本书里有一位小作者叫吴倚雯，她是我非常欣赏的学生，她的作文里有浓浓的生活味儿。她写清晨肠粉店的风景，细描每个食客的神色；她写广东凉茶的滋味，细数每种中草药名。尽管有老师说"她的文章在考场上没有一点优势啊"，我也依然坚信，她在生活中的用心会让她在文学创作的道路上走得更远。

或许你会问，什么时候会成功呢？我只能诚实地告诉你：我不知道。

写作一事，不能急于求成，它跟种田一样，在于勤劳和坚持。如果你想收获，关键还是——用你的笔开始播种！从写一个让自己开心的句子开始,坚持下去,你有可能幸运地成为作家,也有可能像我一样,虽永远达不到作家的高度,却依然热爱文字,懂得文字的温度。

漫漫长路,与你共勉!

2019 年 9 月 25 日